Gustav Milchsack

Burkard Waldis nebst einem Anhange

Ein Lobspruch der alten Deutschen von Burkard Waldis

Gustav Milchsack

Burkard Waldis nebst einem Anhange
Ein Lobspruch der alten Deutschen von Burkard Waldis

ISBN/EAN: 9783743483392

Hergestellt in Europa, USA, Kanada, Australien, Japan

Cover: Foto ©ninafisch / pixelio.de

Manufactured and distributed by brebook publishing software (www.brebook.com)

Gustav Milchsack

Burkard Waldis nebst einem Anhange

BURKARD WALDIS

NEBST EINEM ANHANGE:
EIN LOBSPRUCH DER ALTEN DEUTSCHEN
VON BURKARD WALDIS

VON

GUSTAV MILCHSACK.

ERGÄNZUNGSHEFT ZU:
NEUDRUCKE DEUTSCHER LITTERATURWERKE DES XVI. UND
XVII. JAHRHUNDERTS NO 30.

HALLE A/S.
MAX NIEMEYER.
1881.

WILHELM BRAUNE

IN GIESSEN

ZUGEEIGNET.

Sechsmal schon hat Burkard Waldis einen Biographen gefunden. Höfer und Gödeke, die den Reigen fast gleichzeitig eröffneten, schrieben beide, bevor noch die eigentliche Erforschung seines Lebens und seiner Dichtungen begonnen. Höfer erging sich in allerlei Vermutungen, Gödeke hat das bleibende Verdienst, die Werke Burkards vollständig ans Licht gezogen zu haben; auch heute noch sind einige Partien seiner Schrift lesenswert. Wiederum beinahe gleichzeitig erschienen die Arbeiten Mittlers und Buchenaus. Brachte jener dankenswerte Nachweise nach der litterarischen Seite, so gelang es diesem nicht minder, die zerstreuten urkundlichen Nachrichten, welche sich in des Dichters Heimat erhalten hatten, zu erschöpfen. Schirren löste sodann in einer vortrefflichen Charakteristik das Problem der rigaischen Gefangenschaften Burkards, über welche die früheren Biographen bei der Unzulänglichkeit der eignen Angaben Burkards etwas Bestimmtes nicht wissen konnten. Sallmanns Biographie ist durchweg eine leidige Kopie Schirrens und Gödekes, auch stilistisch.

Den Verfasser führte der Neudruck des Fastnachtspiels dazu, sich mit der Lebensgeschichte Burkards eingehend zu beschäftigen. Waldis ist einer von den vielen Geistern zweiten und dritten Ranges, die das von Luther begonnene Werk der Reformation auf das wirksamste vollführen und ausbreiten halfen. Seine Schicksale sind so interessant und für die Würdigung seiner Dichtungen so bedeutsam, dass der

Verfasser hoffen durfte, mit einer Skizze seines Lebens den Abonnenten der Neudrucke eine willkommene Ergänzung zu bieten. Sollte sie sich auch für die Kenner als ein bequemes Orientierungsmittel erweisen, um so besser. Ueber den im Anhange abgedruckten Lobspruch vgl. unten S. 37 und Anmerkung.

Für einige im Einzelnen neue Züge gebührt der Dank einem Andern; der Bitte, die von ihm im schwedischen Reichsarchiv aufgefundenen Aktenstücke benutzen zu dürfen, entsprach Herr Prof. Dr Schirren in Kiel mit rühmenswertester Gefälligkeit durch Uebersendung seiner Abschriften.

Wolfenbüttel, 17. Jan. 1881.

Noch bevor Ferdinand III. die Reichsacht über den Landgrafen Wilhelm V. von Hessen erneuert, wurde das hessische Landstädtchen Allendorf an der Werra, die Heimat Burkard Waldis', am 2. April 1637 von kaiserlichen Kriegsvölkern überfallen, geplündert und „bis jn den tieffen Grundt hinein dermassen abgebrandt vnd eingeäschertt, dass aus den meisten auch grossen starcken heusern nichtt ein einiges spänlein holtz mehr zu finden." Mit ihm gingen die Kirchenbücher und die ganze schöne Kirchenbibliothek zu Grunde. Nur ein halbes Dutzend abgelegene Häuser und Scheunen entgingen dem furchtbaren Schicksal. So berichtet ein Augenzeuge*). Kein Wunder, dass die Quellen über Burkard in seiner Heimat äusserst sparsam fliessen; von seinen Aeltern, seiner Jugend und seinem Bildungsgang verlautet von dort nichts; über seine Verwaltung der Pfarrei Abterode haben sich zwei Aktenstücke erhalten, über seine Familie sind wir aus mehreren Urkunden wenigstens einiges zu erschliessen im Stande.

Aus der Vorrede zu seinem Psalter, der „Den Ersamen, Fürsichtigen, Hansen vnd Bernharden Waldis, Burgern zu Allendorff an der Werrho, meinen geliebten Brüdern" gewidmet ist, wissen wir, dass diese Angehörigen seiner Familie in Allendorf lebten; ebenso zwei andere Brüder, Urban und Christian „sampt der gantzen freundtschafft", die er am Schluss dieser Widmung (Datum Abterode, den letstenn Februarij. Anno 1552.) erwähnt**). Es hat demnach

---

*) Bericht des Superintendenten M. Joseph vom 17. Juli 1637 an die fürstl. Regierung in Kassel. Zeitschrift des Vereins f. hess. Gesch. u. Landesk. 6, 170 ff. Vgl. G. Buchenau, Progr. d. Kurfürstl. Gymn. zu Marburg. 1858, S. 3 f.

**) Von sonstigen Familiengliedern sind noch bekannt „die Ehrbaren und Ehrsamen Christian Gundlach und Heinrich Schäffarth, meine freundlich

keine Bedenken, die beiden gleichnamigen Hans und Bernhard Waldis, welche in zwei Urkunden*) aus den Jahren 1538 und 1554 als Mitglieder des „verordtnet Ausschoss der gemeinen Pfenner", nämlich der Gradirwerke zu Sooden, auftreten, mit den oben genannten Brüdern Burkards zu identifizieren. Die Familie Burkards war also Teilhaberin jener Salzwerke, die eine Genossenschaft der gewiss älteren und angeseheneren Bürgerfamilien Allendorfs unter dem Namen der „Geburschaft" oder „Pfännerschaft" auf gemeinsame Kosten betrieb. Die ursprüngliche Heimat der Waldis war indess aller Wahrscheinlichkeit nach nicht die Stadt Allendorf selbst, sondern das etwa eine halbe Stunde stromabwärts, ebenfalls auf dem rechten Werraufer liegende Dorf Wahlhausen. Darauf führt die Verwandtschaft in den älteren Namensformen dieses Dorfes und einiger Oertlichkeiten seiner Umgebung mit dem Gentilnamen der Waldis und eine Stiftungsurkunde**) Bernhards, eben jenes Bruders Burkards, aus welcher hervorgeht, dass die Vorfahren der Waldis in früheren Zeiten bei Wahlhausen begütert gewesen.

Ein teilweise bewaldeter Hügel, südöstlich vom Dorfe, wird auf der Generalstabskarte der Provinz Hessen (No 7, Sect. Witzenhausen) „die Waldiss", im Idiom der Einwohner, lautlich der hochdeutschen Benennung vollkommen entsprechend, „die Wahles" (auch „das Wahlesfeld") genannt. Von diesem Hügel herab ergiesst sich an Vatterode vorbei ein Bach, die „Walse" (auch „Walze") oder Wahlse, mitten durch Wahlhausen in die Werra. Walse ist aber Verkürzung

---

liebe schwägerr, gevatter und freunde, welche meines Bruder Töchter zu Ehegemahlen habe[n] und Bürger zu Allendorf sind." Diese werden von Bernhard Waldis in der unten noch zu erwähnenden Stiftungsurkunde desselben zu den erstmaligen Verwaltern seiner Stiftung ernannt. — Ob dagegen auch die im 16. Jhdt vorkommenden Aegidius und Jodocus Waldis, die beide aus Allendorf stammten (vgl. Strieder, Grundlage zu e. hess. Gelehrten- u. Schriftstellergeschichte. 16, S. 423 ff.) und der von K. Gödeke (Burchard Waldis. Hannov. 1852, S. 1) nachgewiesene „Caspar Waldis von Allendorf in Soden" Verwandte der Familie waren, muss dahin gestellt bleiben.

*) U. F. Kopp, Beytrag zur Geschichte des Salzwercks in den Sooden bey Allendorf. 1788, S. 79—109 und S. 133—136.

**) Vollständig mitgeteilt von G. Buchenau, Burcard Waldis. Programm der Kurfürstl. Gymnas. zu Marburg. 1858, S. 5 ff.

aus der älteren Form „Waldisaha" (d. i. Waldwasser) und diese frühere Namensform des Baches übertrug sich auf das Dorf, das in Urkunden seit dem 13. Jahrhundert als Woldesha (1291), Waldesa (1353 u. ö.), Waldeza (1361 u. 1366), Waleza (1377) erscheint, unter der Bezeichnung Wahlhausen aber zuerst i. J. 1372.*) Als dann die Herren von Hanstein sich im 16. Jahrhundert hier einen Rittersitz gründeten, setzte sich für das Dorf zur Unterscheidung von jenem der Name Waldesahaus fest, woraus Wahlhausen wurde. Nichtsdestoweniger wird es noch in einem Hanstein'schen Gerichtsprotokoll v. J. 1673 Waldessen genannt.

Mit denselben Namensformen ist aber auch die Familie Burkards urkundlich bezeugt. So steht in der einen der beiden schon angezogenen Urkunden, bei Kopp S. 79, „Bernhard Waldessen" während die Unterschrift „bernhartt waldis" lautet, in der andern, Kopp S. 133, „Bernnt vnnd Hans Walhauss, Burgermeister zu Allendorff an der Wehrra", die Unterschrift dagegen bietet wiederum das einfachere „Bernt Waldis". Schon hienach liegt es nahe, die Entstehung des Familiennamens Waldis mit Wahlhausen in Beziehung zu setzen. Die erwähnte Stiftung Bernhards vom Jahre 1564, durch welche er dem Rat der Stadt Allendorf seinem „zwölften Theil der Pfannen gelegen im 4ten Koth der Holzmärkerzäche" überweist, zur Unterstützung für die Armen von Allendorf und Sooden, bringt das Dorf und die Familie in unmittelbare Verbindung. Denn hier beruft er sich auf ein ähnliches Vermächtniss seiner Vorfahren „Vornehmlich und sintemahl hiebevor meine liebe Voreltern und Gesipte die Waldischesee Acker Landes zu einer ewieg seienden [Stiftung] testamentsweise verordnet, welche dann die Spändeacker heuthigen Tages genent werden." Diese Spändeäcker aber liegen auf jenem „die Waldiss" oder „das Wahlesfeld" genannten Hügel bei Wahlhausen und rühren ohne Zweifel aus dem Grundbesitz her, den die Waldis, so lange sie in Wahlhausen ansässig waren, bewirtschafteten. Wahrscheinlich waren sie sogar der älteste Teil desselben und von der Flur, in welcher sie lagen, empfing die Familie

---

*) Urkundliche Geschichte des Geschlechts der von Hanstein. Kassel 1856. 2 Bde. Vgl. Buchenau, a. a. O., S. 8.

ihren Namen. Wann die ältere Stiftung geschah, ist nicht gesagt, vielleicht als die Uebersiedelung nach Allendorf stattfand. Hier aber muss die Familie in guten Verhältnissen gelebt und sich der vollkommensten Achtung ihrer Mitbürger erfreut haben, dafür sprechen nicht allein ihr Anteil am Soodener Salzwerk und die wiederholten Vermächtnisse, sondern auch die Berufung von Burkards Bruder Hans zum Bürgermeister der Stadt.

Gewiss werden wir hienach voraussetzen dürfen, dass die Erziehung Burkards den Mitteln und Anforderungen eines so wohlhabenden und angesehenen Bürgerhauses entsprach. Er wählte den geistlichen Beruf und wurde Mönch. Als solcher taucht er zuerst 1522 in Riga auf, im Dienste des Erzbischofs Jasper van Linden.

Das Jahr 1522 ist in der Geschichte Livlands von grösster Bedeutung. Es brachte ihm die Reformation und in ihrem Gefolge eine Reihe schwerster politischer Verwickelungen, die für die Geschicke des Landes und auch für Burkard Waldis verhängnissvoll wurden. Die Bedingungen für ihre Aufnahme waren in keiner anderen livländischen Stadt so günstig, wie in Riga. Durch ein Spiel des Zufalls gewann Riga den Ruhm, Vorkämpferin der neuen Lehre im äussersten Osten zu werden.

Die Schule zu Treptow hatte sich unter dem Rektorat Johann Bugenhagens, des trefflichen Reformators Pommerns, eine ausgedehnte Berühmtheit erworben. Auch die livländischen Edeln sandten ihre Söhne dorthin zur Erziehung. Ihre lutherischen Tendenzen aber bewogen den Bischof von Cammin, Erasmus Manteufel, Bugenhagen 1522 von seinem Amt zu entheben. Die Schule löste sich auf. Bugenhagen übernahm eine Professur in Wittenberg, seine beiden Kollegen, Andreas Knöpken und Silvester Tegetmeyer, wandten sich nach Riga, der eine, um bei dem Kanonikus Jakob Knöpken, seinem Bruder, Schutz zu suchen, der andere, um eine ihm zugefallene Erbschaft anzutreten. Hier aber richteten sie alsbald in öffentlichen Disputationen ihre Angriffe gegen die Missbräuche der römischen Kirche, anstatt des Ablasshandels, der Reliquienverehrung und des Bilderdienstes die reine evangelische Lehre verkündend. Und während Knöpken als Prediger an St Petri, bei jugendlichem Eifer milde und besonnen, die Götzen zuerst aus den Herzen zu bannen bemüht war, forderte der ungestümere Tegetmeyer, zum Prädikanten bei St Jacobi erhoben, die Bilder nicht länger in den Kirchen zu dulden. Andere Prediger fielen ihm bei und das aufgeregte Volk liess sich dazu fortreissen, die Gotteshäuser zu stürmen; es vernichtete jedoch nicht bloss die Bilder, sondern raubte auch die Altargeräte und zerstörte sogar mehrere Kirchen, darunter einige russische. Der Rat, welcher selbst diese Bewegung begünstigte, konnte und wollte nicht intervenieren. Er ersuchte den Erzbischof Jasper, Klöster und Gottesdienst zu reformieren, und bat, „dass um Gott und so vieler Menschen Seeligkeit willen den Kirchen fromme und rechtgläubige Lehrer vorgesetzt werden möchten, damit der Rat nicht in die Not gerate, die Sorge dafür selbst übernehmen zu müssen." Auch Luther hatte von der Aufnahme seiner Lehre in Riga mündlich und schriftlich vernommen und hielt es für seine christliche Pflicht, die Brüder aus der Ferne zu ermahnen, in der Vollführung des begonnenen Werkes nicht zu ermatten*). Schon 1523 schrieb er „Den ausserweltenn lieben freundenn gottis, allen Christen zu Righe, Reuell vnnd Tarbthe ynn Lieffland", dass sie das Wunder, welches Gottes Gnade durch das Licht des Evangeliums bei ihnen gewirkt, dankbar erkennen und sich nicht wiederum in die egyptische Finsterniss und zum Götzendienst sollten verführen lassen. Auch ihnen werde, wie einst Christus, Verfolgung nicht ausbleiben. „Denn also habt yhr gehört vnd gelernt, das, wer da glaubt, das Jesus Christus durch sein blut, on vnser verdienst, nach Gottis vatters willen vnd barmhertzigkeyt, vnser heyland vnd Bischoff vnser seelen wordenn ist, das der selb glaube on alle werck gewisslich, vns Christum also eyget vnnd gibt, wie er gleubt, denn Christus blut ist freylich nicht darumb meyn odder dein, das wir fasten odder lesen, sondern das wirs also glewben wie Paulus spricht Ro. 4. Wir achten das

---

*) Zwē schon trostlich sendbrieff Martī Luthers Ecclesiasten zu wittenberg. M. D. XXiij. 4⁰.

der mensch durch den glawben rechtfertig werde, on des gesetzs werck... Auss disem yhr weyter gelernt habt, das alle lere, so vns bissher sind furgetragen, durch werck frum vnd selig zu werden, sund ablegen vnd bussen, als da sind, die gesatzten fasten, betten, wallen, messen, vigilien, stifften, moncherey, nonnerey, pfafferey, das solchs alles teuffels lere, lesterung gottis sind, darumb, das sie vermessen, das an vns tzu thun, das alleinn das blut Christi durch den glauben thun soll, geben do mit den menschen leren vnd wercken, das doch allein gottis wort vnd wercken eyget. Aber diss liecht des glaubens sihet klerlich, das solchs eytel dicke grewliche finsternis sind, vnd bleybt an gotts gnade ynn Christo, vnd lest seyn verdienst für gott faren, das ist der weg zum hymel vnd das haubtstuck Christlichs lebens." In diesen Worten war der schneidende Gegensatz ausgesprochen zwischen der katholischen Werkheiligkeit*) und dem felsenfesten Vertrauen des lutherischen Glaubensbekenntnisses auf das Verdienst des Opfers Christi. Und sie konnten ihre zündende Wirkung um so weniger verfehlen, weil der Streit, der über die livländische Kirchenverbesserung zwischen Rat und Erzbischof schwebte, einen günstigen Ausgang verhiess, da auch der Deutschordensmeister Walter von Plettenberg und der einheimische Adel dem Erzstift feindlich gesinnt waren.

In dieser Bedrängniss suchte der Erzbischof Hülfe bei Kaiser und Papst; seine Gesandten waren Antonius Boemhover, Augustin Ulfelt und Burkard Waldis. Karl V. trafen sie zwar nicht, er war gerade in Spanien, aber vom Markgrafen Philipp von Baden, seinem Stellvertreter in deutschen Landen, erwirkten sie einen Befehl, demzufolge das Erzstift

---

*) Wie man damals, wo der Papst als alleiniger Verwalter der Verdienste Christi und der Heiligen seinen Ablasshandel betrieb, um die Seeligkeit warb, zeigen die frommen Laien-Bruderschaften, die zum Heile ihrer Mitglieder einen Schatz von Messen und Gebeten aufsammelten. So hatte die Bruderschaft der 10000 Jungfrauen einen Vorrat von 6455 Messen, 3550 ganzen Psaltern, 200000 Rosenkränzen, 200000 Tedeum laudamus, 1600 Gloria in excelsis deo, 11000 Gebeten für die Patronin Ursula, 630 mal 11000 Paternostern u. Ave Marias u. s. w. Mit 11000 Vaterunser und Ave Marias konnte ein Laie die Aufnahme erhalten. Vgl. G. Freytag, Bilder aus der deutsch. Vergangenheit. 2, 2, S. 36 f.

auf Grund des Wormser Edikts in allen seinen Rechten
restituiert, über die Stadt jedoch die Acht ausgesprochen
werden sollte, falls sie in ihrer Widersetzlichkeit beharre.
Dies meldeten sie sogleich dem Erzbischof brieflich, sie
selbst aber setzten ihre Reise fort nach Italien *).
Burkard war damals noch ein eifriger Sohn der Kirche.
Hätte man ihn anders zum Gesandten erkoren? Daher unternahm er mit frommem Sinn die Reise zur heiligen Stadt,

---

*) Mittler (Herzog Heinrichs von Braunschweig Klagelied. Mit e.
Nachw. üb. d. Dicht. d. B. Waldis. Hess. Jahrb. 1855, S. 233) glaubt die
römische Reise B.s „unbedenklich" vor seinen Aufenthalt in Riga setzen
zu müssen, weil er selbst sage, dass er „auss Teutschlant" hin nach Rom
gezogen (Esop. IV, 24). Buchenau, a. a. O., S. 9, schwankt zwischen 1520
und, mit Rücksicht auf Esop IV, 1, dem Jubeljahr 1500. Sallmann, Baltische Monatsschr. N. F. 5, S. 116, meint ganz unbestimmt, Burkard sei
„noch in jungen Jahren" gewesen. Sallmann erwähnt aber gleich nachher,
S. 118, Anmerk. 2, einen von Rom d. 19. Nov. 1523 datierten Brief des Minoriten Anthonius Boemhover an Pater Wilhelm, den Custos seines Ordens in
Livland und Preussen, in welchem er diesem berichtet, „welche Klagen er bei
dem neuerwählten Papst Clemens VII. über die Verfolgungen der Brüder in Kur-
und Livland vorzubringen gedenke und welche Massregeln er der Curie gegen
die lutherischen Ketzer in Vorschlag bringen werde. Im Zusammenhang mit
diesen von fanatischem Hass eingegebenen Vorschlägen erwähnt er eines Bruders Borchardt, den er nach Urbino gesandt, wo Pater Augustinus Ulfolt,
vielleicht der dritte der abgeschickten Mönche, krank liege. Am Schluss des
Schreibens meint er, vor Ostern (1524) werde er schwerlich Rom verlassen
können." Ich wundere mich, dass S. aus dem Briefe Boemhovers nur diese Anmerkung zu machen verstanden. Es ist doch nicht ganz gleichgültig für das
Verständniss Burkards und seines Uebertritts, wann er die Reise nach Rom
machte; das aber geht ja aus dem Briefe deutlich hervor. 1523 (wahrscheinlich im Frühjahr) wird B. mit zwei andern Mönchen an den Kaiser
gesandt, das wissen wir schon aus einer andern Quelle; im November desselben Jahres ist er, wiederum mit zwei Genossen, in Italien, die Ostern
1524 nach Deutschl. zurückzukehren beabsichtigen; 1524 ist er auf dem
Reichstag zu Nürnberg; wir haben aber, wie schon Buchenau anmerkt, von
einer zweiten römischen Reise Burkards nicht die geringste Andeutung; also,
so schliessen wir, fällt die römische Reise, von welcher B. im Esop. IV, 24
redet, zwischen Ostern 1523 bis Ostern 1524. Dieser Datierung widerspricht
auch keineswegs B.s eigener Ausdruck „aus Deutschland"; denn seine Fahrt
ging in der Tat mitten aus dem Herzen Deutschlands, wo er den Kaiser
gesucht und unter Verhandlungen mit dem kaiserlichen Statthalter sich
längere Zeit aufgehalten hatte. — Der Brief Boemhovers, im Revaler Stadtarchiv vorhanden, ist vollständig abgedruckt bei G. v. Hansen, Die Kirchen
u. ehemal. Klöster Revals. Reval 1873, S. 113 ff. Leider habe ich dieses
Buch nicht einsehen können.

nach Rom, von der er auch für sein Seelenheil zu profitieren hoffte. Allein, was er dort erfuhr, war wenig geeignet, ihn frömmer zu machen; auch er musste die Wahrheit des Sprüchworts erfahren: je näher Rom, je böser Christen. Er hat uns selbst ein Teil seiner Erlebnisse geschildert, Esop IV, 24: „Einsmals gedacht zu werden fromb Vnd zoh aus Deutschland hin nach Rom; Doch ward ich auf der Reiss nit bider, Trug Zwibeln hin, bracht Knobloch wider. Wer da gewest, darff mans nit sagen. Zu Rom holt man ein bösen Magen, Ein leren Seckel, böss gewissen, Vnd wirdt gar offt vmbs Gelt beschissen." In offener Taberne sah er zwei Mönche mit Weibern so gräuliche Possen treiben, dass er es vorzog, die Herberge zu verlassen. Er nahm den Spott mit auf den Weg; hatte er in seiner frommen Einfalt eine Stadt und ein Leben voll aller christlichen Tugenden zu finden erwartet, so musste er sich nun von dem Patron, einem alten Schulgesellen*), belehren lassen: „Habt jr ewr tag von Rom nie ghort? Wie man sagt im gemeinen Sprichwort, Das eim zu Rom kein sünd nit schad, Allein so er kein Gelt mehr hat: Das ist die allergrüste Sünd, Welch nit der Bapst vergeben künd." Indess versäumte er die gebotene Gelegenheit nicht, die Herrlichkeit der ewigen Stadt zu bewundern; Esop IV, 1 v. 110 ff. berichtet er, was er an Kirchen und Palästen, an Plätzen und Denkmälern gesehen. Auch das Mutterhaus der Franziskaner in Assisi suchte er auf, dessen Weitläufigkeit und Pracht ihn in Erstaunen setzte. Zwar hätten die guten Franziskaner freiwillige Armut gelobt: nichts aber müsse dann die Sückel

---

*) Mittler, a. a. O., S. 233, hat in diesem Herrn von Honstein einen Sohn der alten, in Niederhessen reich begüterten ritterlichen Familie von Boyneburg genannt Hohenstein vermutet und glaubt, dass diese Bekanntschaft aus den Universitätsjahren datiere. Wahrscheinlicher ist jedoch, worauf Buchenau a. a. O. S. 9 verweist, dass er einer der bei Allendorf ansässigen Familien der von Honstein oder der Grafen von Hohenstein angehört habe. Die schwankenden Lesarten der verschiedenen Ausgaben (die erste von 1548 hat „Haustein", die von 1555 „Houstein", die von 1557 „Honstein") des Esop lassen die Entscheidung offen. Auch würde, wenn die Bekanntschaft aus den Universitätsjahren herstammte, die Wiedererkennung in Rom wohl leichter stattgefunden haben. Vgl. Esop IV, 24, v. 11 ff.

der Frommen sicherer und tiefer öffnen, als dieses Gelübde (Esop. III, 100). Das waren für das einfältige Herz des biederen deutschen Mönches herbe Erfahrungen. Der Eindruck, den er mit hinaus nahm, war ein so völlig ernüchternder, wie jener, den Luther wenige Jahre zuvor nach Wittenberg zurückbrachte. Und sicherlich haben ihm die Erlebnisse dieser römischen Reise seinen Glauben an die alleinseligmachende Kirche aufs tiefste erschüttert. Bald darauf sollte er vernehmen, dass die hohen Prälaten, welche die Geschicke der Kirche in Deutschland zu leiten berufen waren, ihren römischen Vorbildern nicht im mindesten nachstanden an Verweltlichung ihrer Sitten und Frivolität der Gesinnung.

Als die Gesandten um Ostern 1524 ihre Rückreise nach Deutschland antraten, nahmen sie den Weg über Nürnberg, um den Befehl des kaiserlichen Statthalters von dem seit Januar dieses Jahres dort versammelten Reichstag bestätigen zu lassen. Und hier war es, dass der päpstl. Legat Laur. Campeggio in Burkards Gegenwart die mannhaften Deutschen verlachte und ein par Possen zum besten gab, die auf Burkard einen so schlechten Eindruck hervorbrachten, dass ihm die Erinnerung daran noch ein halbes Menschenalter hernach die Zornader schwellte (Esop IV, 17. 18). So wurden auf dieser Pilgerfahrt dem Mönche die Augen geöffnet. Es bedurfte nur noch eines kräftigen Anstosses von Aussen, um ihn zu einem überzeugungstreuen Anhänger Luthers zu machen, und diesen brachte schon der gefahrvolle Ausgang der Reise.

Noch ehe sie selbst nach Riga zurückkehrten, hatten die Gesandten, wie angegeben, ihren Erfolg beim Statthalter brieflich nach Riga berichtet. Kräftiger erhoben darauf hin die Erzbischöflichen das Haupt, der Rat aber war nicht gewillt sich zu fügen. Umsonst hatte er wiederholt die Erfüllung seiner Forderungen erbeten, jetzt entschloss auch er sich zu handeln. Sein Zorn richtete sich zunächst gegen die heimkehrenden Mönche; wer Bannbriefe ins Land trage, verdiene in einen Sack gesteckt und unter den Toren der Stadt aufgehängt zu werden. Als daher ihr Schiff vom Schlosse, wo sie zu landen gedacht, vor eine der Stadtpforten trieb, wurden sie von auflauernden Bürgern ergriffen und ins Gefängniss gesetzt, nur Ulfelt, der schon in Dünamünde ans Land gestiegen, entging der Gefahr.

Burkard mag diese Wendung nicht eben allzu schmerzlich betroffen haben. Was er in Rom erlebt und gesehen, in Nürnberg von den höchsten Würdenträgern der Kirche Deutschlands vernommen, stand zu wenig in Einklang mit der einfältigen Frömmigkeit, die ihn, den Bürgersohn, zur Wahl des geistlichen Standes bewogen. Was er für Heiligkeit gehalten, was war das anders als der schnöde missbrauchte Deckmantel für niedrige Habgier und ein verweltlichtes sittenloses Leben, selbst bis hinauf in die unnahbare Umgebung des Papstes? Jetzt wurde die Frucht dieses zuchtlosen Treibens zeitig. Ueberall drang unter Luthers mannhafter Führung die reine Lehre des christlichen Glaubens und der selbstlosen, eitler Werkheiligkeit nicht bedürfenden Liebe wie ein erfrischender Quell in die verödeten Herzen der von herzlosen Pfaffen verleiteten und geknechteten Menschen. Und dass ihn der Erzbischof aus seinem Kerker nicht zu befreien vermochte, bewies es ihm nicht deutlich, auch in Riga sei die geistliche Herrschaft vorüber? Der Seelenkampf, in dem auch er nach dem Entschluss mag gerungen haben, ward ihm jedenfalls durch die jüngsten Erfahrungen erleichtert. Bald war er mit sich im Reinen; nach wenigen oder sechs Wochen verliess er, ein Jünger Luthers, das Gefängniss. Und wenn schon ihm die helle Begeisterung für das neue Evangelium jetzt noch fehlte, welche alle seine Schriften, am schönsten aber sein Fastnachtsspiel durchdringt, sein Uebertritt geschah dennoch sicherlich nicht aus blosser Angst, aus überlegender Berechnung; er folgte dem Zug seines Herzens*).

Burkard Waldis blieb in Riga, bezog ein Eckhaus in

---

*) Nicht so sein Genosse Antonius Boemhover; er sass noch mehrere Jahre und auf den Ständetagen in Reval 1524 und Wolmar 1526 wurde seinetwegen verhandelt, weil der Erzbischof die Gerichtsbarkeit über ihn beanspruchte. Er stammte aus einer angesehenen Familie Rigas und ein Bruder war Bischof von Dorpat. Jedenfalls war er älter als B. Waldis, da er schon 1508 in Reval als Magister begegnet. Vgl. Sallmann, Balt. Monatsschr. N. F. Bd 5, S. 118, Anmerk. 2.

der Schalstrasse und wurde, seinen früheren Stand ganz von sich abstreifend, Zinngiesser*). Dies Geschäft scheint er alsbald so gut verstanden und in solcher Ausdehnung betrieben zu haben, dass das Absatzgebiet der Stadt und Umgebung von Riga zu klein wurde und der Vertrieb seiner Waren grössere Reisen notwendig machte. Damals auch hat er wahrscheinlich erst begonnen, mit den Erzeugnissen seines dichterischen Talents an die Oeffentlichkeit zu treten; aus seinen Fabeln lernen wir eine Anzahl Städte kennen, die er besuchte, denn er liebte es, kleine Reiseerlebnisse daheim in Verse zu schmieden. So kam er nach Amsterdam und Einbeck (Esop IV, 50), nach Lübeck (IV, 13), Breslau (IV, 23), Naumburg (IV, 38) und nach Mainz i. J. 1536 (IV, 65); ob auch nach Frankfurt, Hildesheim, Lichtenau und Damerau, Kösberg, Ingolstadt etc. ist ungewiss, da er diese Städte erwähnt ohne den ausdrücklichen Zusatz, dass er selbst dort gewesen**). Bei Bürgerschaft und Rat stand er in Ansehen. Die gute Meinung der ersteren erwarb er sich durch seine Fabeln***) und vor allem durch das Fastnachtspiel, und mehrmals hatte er Gelegenheit, sich dem letzteren durch seine Kenntnisse, seine Welterfahrung und verständige Einsicht nützlich zu machen. Denn als der Rat damit umging, den Schilling von 3 auf 4 Pfennige zu erhöhen, erforderte er mehrere Gutachten von Burk. Waldis, in welchen dieser sich mit Entschiedenheit gegen eine Aenderung erklärte, die allerdings für die Wohlhabenden nützlich, für die Armen aber, namentlich die auf dem Lande wohnenden, sehr zum

---

*) Vgl. den Rentenbrief, mitgeteilt von Napiersky in den Mittheilungen a. d. Geb. d. Gesch. Liv-, Ehst- u. Kurl. 8, S. 560.

**) Schwerlich aber war B. jemals in Lissabon, wie von seinen Biographen gewöhnlich angegeben wird. In der Stelle, Esop II, 18, v. 39 ff., auf welche sich diese Annahme gründet, ist v. 44 sicherlich nur auf Italien, nicht aber auch auf Lissabon zu beziehen. Auch hat er Worms und Speyer (Esop IV, 28) sowie Freiburg i. B. (Esop IV, 4) nicht auf seinen spätern kaufmännischen Fahrten, sondern bei Gelegenheit seiner römischen Reise i. J. 1523 berührt.

***) Die Fabeln liess Burkard vermutlich zuerst einzeln oder in geringerer Anzahl, je nachdem sie entstanden, drucken, bevor er sie in 4 Büchern zu je 100 Fabeln vereinigt herausgab. Die erste vollständige Ausgabe erschien zu Frankfurdt am Mayn 1548. Vgl. Gödeke, Grundriss 1, S. 363. Neu herausgegeben von H. Kurz, Deutsche Bibliothek. 1, 1. 2 Leipzig 1862.

Schaden sein würde*). Noch ein anderes und noch schöneres Zeugniss für die Achtung, die man seinen Kenntnissen und seiner Erfahrung in Münzsachen zollte, ist uns erhalten, eine ausführliche Denkschrift, wohl auf Empfehlung des Rates zu Riga, im Auftrage des Deutschordensmeisters Walter von Plettenberg von Burkard verfasst unter dem Titel: „Ene vnderrichtinghe, women best solde moghen kamen jn Lyfflande to gudem golde to macken, dat bestendich were", d. h. zu einer neuen Goldwährung auf einheitlichem Münzfusse**). Und als 1532 die Stände gemeinsam die neue

---

*) Das Autographon B.s, 1855 im Rigaer Ratsarchiv unter der Rubrik „Monetaria. Allerhandt Bericht und Ueberschlag der Müntz 1517--1591" aufgefunden, ist abgedruckt von Napiersky, Mittheilungen a. d. Geb. d. Gesch. Liv-, Ehst- u. Kurl. 8 (1857), S. 334 ff. Das B. noch ein ander Gutachten in dieser Angelegenheit verfasste, erhellt aus dem eingangs des erhaltenen Schriftstücks genommenen Bezug auf ein von ihm dem Rate schon vorliegendes.

**) Die Ansichten, welche B. in dieser Denkschrift entwickelt, beruhen auf ausgebreiteter Kenntniss der älteren sowohl einheimischen als auswärtigen Münzsorten, die B., wie er selbst angibt, meistens aus eigener Anschauung kannte. Sie ist daher eine wertvolle Quelle für die Gesch. der livländischen Münze. Burkards Vorschläge sind im wesentlichen folgende: „Item na aller gheleghenheyt, so vorgheschreuen ys, so ys myn vornement, vp en gudt vorbeteront, datme den ghemenen guden rins gulden van xviij crat iij grein vntfanghen sal by ghewichte, dat der lxiiij ene lyflandtsche marck lodighes weghen, sollen gelden elck gulden ij ℳ ryghes, dat were de marck fins goldes qweme der jn vth vp — 1^c lxviij marck ryghes. Alle ander gulden soldemen ock vp ghewichte ordeneren, de ghancbar blyffen solde vnde stellen de na andele vp ere werde, der de ghanck vor hebben sollen. Wat gulden jd were, de sin ghewichte nycht heft, sal men nycht mede betalen zunder dar de munthen gheleghen sin, ofte meste handel ys, jd sy dan jn ener stadt ofte mer. Dar mostmen Enen hebben, de des vorstandt hadde, jd were dan de muntmester ofte wisseler, de dar vp gheedet vnde ghesswaren" etc. Ferner: „datmen 1) make dryerley gelt. Id erst sal wesen enen guden finen pennyck, de sal gelden enen verdinck jd stuck, dat is ix schill. riges, dat were de iiij ene marck vnde de viij enen guden rins gulden vnde sal hethen j ferdinck. 2) Id ander sal wesen ein pennynck, genoemet ein drelinck, der dre sollen gelden enen verdinck vnde j sal gelden iij schill. ryghes vnde de xij sollen gelden ene mark. 3) Id derde sollen wesen Schillinghe, den jeghenwardighen schillinghen ghelick vnde beter, der sullen lxxij enen gulden gelden vnde xxxvj ene marck vnde de ix enen verdinck vnde de iij enen drelinck." Er schliesst, dass, wenn seine Vorschläge Eingang fänden, strengste Aufsicht und Strafen zu ihrer Durchführung notwendig sein würden, um den vielen Praktiken des Eigennutzes vorzubeugen. Auch sollten die Goldschmiede mindestens

Münzordnung in Wolmar zu beraten sich anschickten, ersuchte der Ordensmeister den Rat, dass er auch „vnsern lieuenn getruwenn Meister Burchart Waldis" dahin abordnen wolle *).

Auch bei der Abfassung der neuen rigaischen Kirchenordnung durch Knöpken, Tegetmeyer und Brisman hat Burkard wahrscheinlich mitgewirkt, wenn auch ohne offiziellen Auftrag. Nicht allein das von ihm herrührende Gedicht „Ein gebedt zu Gott", welches der ersten Vorrede in der zweiten und dritten Ausgabe **) angehängt ist, lässt dies vermuten, sondern auch sein freundschaftliches Verhältniss zu Knöpken, von dessen Psalmen er einige im Anhange zum verlorenen Sohn mit abdrucken liess.

So hatte der schweifende Mönch und Pfaffendiener neue, lebenskräftige Wurzeln in den Boden des sesshaften Stadtbürgertums und der Zunftgenossenschaft getrieben, dem er sich in jungen Jahren entrissen, nicht als ein leichtfertiger Geselle, sondern den frommen Sinn auf das entsagungsvolle Amt eines Seelenhirten gerichtet. Durch den hohen Wogengang der Zeitereignisse, an dem mancher seiner kuttentragenden Genossen kläglich scheiterte, war sein Lebensschiff unversehrt hindurchgefahren, aus dem Mittelalter hinaus in eine neue, verheissungsvolle Zeit. Sein frisches, tatkräftig Wesen hatte sich bald zurecht gefunden in den neuen Lebensverhältnissen, sein Handwerk gedieh unter seinen fleissigen Händen und er sparte die Gulden. Und während

---

16 lötiges Silber verarbeiten und was über 2 Lot sollten sie zeichnen. — Die Denkschrift ist nur noch in einer Kopie im Rigaer Ratsarchiv vorhanden und zeigt am Schlusse B.s Monogramm B. W. Ihre Abfassung darf man wohl in die Zeit kurz vor dem Ständetage zu Wolmar (s. o. im Text das Folgende) setzen, also ins Jahr 1532. Sie ist bisher ungedruckt; die vorstehenden Mitteilungen daraus entnehme ich einer Abschrift Schirrens. Siehe unt. S. 37.

*) Brief Walters von Plettenberg an Burgermeister und Rathmannen zu Riga. Datum Wenden am tage Corporis Cristi [30. Mai] Anno etc. im xxxijten. Nach einer Abschrift Schirrens.

**) Ein Exemplar der 1. Ausg. v. J. 1530 hat sich bis jetzt nicht gefunden. Die 2. v. J. 1537 und die v. J. 1592 befinden sich in der Kirchenbibliothek zu Zelle, die von 1549, früher zu Helmstädt, jetzt zu Wolfenbüttel, die von 1574 in Lübeck. Das Gedicht Burkards ist vollständig abgedruckt von Sallmann, a. a. O. S. 146 ff., u. Mittler, a. a. O. S. A., S. 51 ff.

er in der Werkstatt Zinnkrüge hämmerte, formte sein lebhafter Geist Erlesenes und Erlebtes zu Versen und Fabeln, die seine Mitbürger gerne vernahmen; ein derber Witz, ein kräftiger Seitenhieb auf die Pfaffen verlieh ihnen für die jungen Lutheraner die willkommenste Würze. So hätte sich Burkard Waldis bei gedeihlichem äusseren Leben, innerlich gehoben durch die freundliche Gunst seiner Stadtgenossen und durch sein Ansehn beim Rat, mit seinem Schicksal wohl versöhnt und zufrieden fühlen können. Nur Eins machte ihm ernstliche Sorge, trübte ihm je länger je mehr den häuslichen Frieden, seine Ehe.

Wann er geheiratet, ist nicht sicher bekannt; jedoch hat er, als sich sein Geschäft gut anliess und seine Existenz gesichert war, schwerlich lange gezaudert. Er nahm eine Wittwe, Barbara Schulthe aus Königsberg. Aus Notizen in Gaspar Spenkhusens Grossem Buch könnte man schliessen, die Ehe habe schon 1524 bestanden*), vorausgesetzt, dass die Schuld, welche Burkard danach für eine von seiner Frau i. J. 1524 von Spenkhusen empfangene Last Weizen noch i. J. 1529 zu bezahlen verspricht, nicht schon vor der Ehe kontrahiert war. B.s Angabe in einem Briefe an seine Schwägerin Christina, er habe mehr denn 200 Mark „hinderstelliger" Schulden seiner Frau beglichen, könnte auch in letzterem Sinne verstanden werden. Sehr viel später wird man immerhin seine Verheiratung nicht ansetzen dürfen, denn schon 1531 war das Zerwürfniss der Ehegatten ein völlig unheilbares. Eine Anzahl teils von Burkard und seiner Frau herrührender, teils amtlicher Schriftstücke sind uns erhalten. Sie enthüllen uns ein äusserst trauriges Gemälde ihres ehelichen Jammers. Wenig Erfreuliches bietet dem Biographen Burkards, dem Verehrer seiner Dichtungen

---

*) Spenkhusens Grosses Buch befindet sich in der Ratsbibliothek zu Riga unter No 2588. Vgl. Winkelmann, Bibliotheca Livoniae historica. 2. Aufl. No 7694. Die betreffende Eintragung aus dem J. 1529 od. 1530 lautet Bl. lxxviiib: „Item anno xxix den j dach ocktober sede my tho tho geuende Borchart de kannegeter van syner vruwen wegen de last weyten tho betalende, de se jnt jar xxiiij van my kofte. Duth gelth wyl mi Borchart geuen vp iiij termine: vp tho komende wynachten x ♏, vp pynxten x ♏, vp mychely x ♏, dar nach echter wynachten, so js de summa, [de] he mi schuldych is, xliiij ♏." Nach einer Abschrift Schirrens.

diese dunklere Partie seines Lebens. Dennoch ist auch sie bei unserer sonst so geringen Kenntniss seines Privatcharakters von einer gerechten Würdigung des Fabeldichters und Psalmisten nicht zu umgehen.

In dem erwähnten Briefe vom 31. Mai 1531 an seine Schwägerin Christine*), die im Bauskeschen wohnte, klagt Burkard: „Will Ewer liebe hiermit mynenn grossen Jamer vnnd engestliche hertzleidt nicht vorborgenn halten, das mein Weib, Ewer schwester, mich engstigt vnnd dieses lebens satt gemachtt hatt. Inn meinem abwesenn jnn Teuitzschenn landenn hat sie mir ahnn moiner Narunge mehr dann ij^c ₰ verseumet vnnd vorbracht vnnd mein gesinde voriagt, widderspennich vnnd vntuchtig gemacht, hat mir biss itzundt alles zuwiddern gethann, was sie hatt durch sich, durch zauberer vnnd andere alte Huren vnd losse leuthe Arges hatt mugen zu wege bringenn, darvber viele Fromer Ehrlicher Menner Frauwenn vnnd Junckfrauwenn sambt mir gehohnt, geschendet vnnd felschlich belogenn vnnd, das jch des vnlustigenn Schriebens eynn Ende mache, sie hatt mir gestandenn vnnd steht mir nach vnablesslich nach leibe vnnd lebenn, nach eher vnnd guidt, Suma Nach allem das mir Gott jnn dieser Welt gegebenn hatt etc. Item jn vorgangener fastenn vnnd die Ostern vber ist sie vann mir gewest vnnd durch Frome leuthe, Als Meister Johann Lowmoller, der stadt Riga Syndicum, vnnd Wolff Nathafft, Muntzmeister mir widderumb versönt vnd zubracht, die jhr Burgenn wordenn vnnd vor sic mir gut haben gesaget, Auch sie selb gelobt vnnd geschworenn, sich zu besserenn: sie wolte mir jnn kunftigenn Zeittenn gehorssam leistenn, alles guts thun vnnd sich bey mir auffrichtig haltenn; jch solt jhr alle jhr missetadt, widder mich gethann, vorgebenn, das jch also gelobt. Aber sie ist vonn stundt erger worden dan vorhin, lestert euch, Ewernn bruder Johannem, Grytenn vnnd jhrenn frommenn Mann, jtem meyne vatter vnd Mutter bruder vnnd Schwester, der sie doch nicht vill gesehenn hatt. Darnach auff vorgangenn Sontag negst vor Ascensionis domini [21. Mai] des morgens

---

*) Vgl. Schirren, Verzeichniss livländischer Geschichtsquellen in schwed. Archiven u. Bibliotheken. Dorpat 1861–1868. 4°, No 264. Autogr. Datum zw Ryge mitwochen jn pfingsten Anno etc. xxxj.

vmb viij, Als jch jnn die predigt was gangenn, hatt sie heymlich gesacht vnnd gesacht, so vill sie hatt loss fundenn, vnnd ist dauonn gangenn; hab sie seindt der Zeitt nicht gesehnn. Ist mir vor Obericheitt angebotten, jch solt sie gefencklich setzen lassenn, biss sie gezimpt wurde, hab jch bissher nicht wollenn thun, jhr liebenn Olterrn, euch, die Ewren vnnd meine Ehre daran geschont, Vnnd ist das vbell so gar jngerissen, das jch mich jnn Ewickeitt nicht guts zu jhr vorsehen kann. Sie wirt mir auch jnn Sempiternum nicht Guttes gonnenn oder thun. Der Almechtig Gott wolle meynn hulffe vnnd trost sein, Amen. Ich habs gut mit jr gemeint vonn Anbegin, das weiss gott! Ich habe jrer hinderstelligenn Schulde betzalt mehr dann ij^o marck; auch kostet mich schier mehr dann ij^c margk. Item jch habe mein Weib mit menteln, Rockenn, mit silbernn vnnd andernn cleinoten begyfftigett vnnd getziret, das sie derhalbenn woll mith ehrenn vnther die leuthe gehnn muchte, habe sie jnn allenn ehrenn gehalten vnnd vortedingett mit guter speyse, weynn vnnd byer, so gut jchs vermuchte, habe [sie] gespeyset vnnd getrencket, daruor sie mir offt jnsonderheitt vnnd vor denn leuthenn gedancket hatt mit diessenn wortenn: Du magst woll die pestilentz vnnd Frantzossen myt deynenn cleydernn vnnd gelt habenn. Da ligens; du bosswicht solt denn tagk nitt lebenn, das jchs ahnn meinem leibe zehnn wyll (hette sie aber dennocht gerne). Welcher Teuffell hatt dich darum gebetenn, das du mir ader denn meinenn zu gute thun soltest? Hettestu schelm vnnd verlouffener Munch mich Armes weib vngelassenn, ich wolte mich ane dich wol erneret habenn vnnd zu deyner thur nicht komenn seynn etc. Sie hatt sich gar versoffen, das sie vber allenn jhren leib sieht, wie eine auffgeblasenn sackpfeyffe; hat auch nicht auff die wyle sie ein Hembde zu vortrinckenn hatt, ist alhir mit lossenn leutenn, das jchs michs schemenn muss. Ich hab mein lebenn zubracht, das mir nymandt mit der Warheitt arges nach kann sagen, Aber sie hatt mich bei vielenn lewthenn vorechtlich gemacht, das jch vor vylenn nicht vor denn Mann gehalten werde, daruor jch vorhin vonn Jedermann geacht vnnd gehalten wahrt. Ich bynn auch nach nicht dess sinnes vnnd werdes villeicht

Nummermehr, das jch sie widdervmb zu mir nehme, aller meyst das sie nach heutes tags vlugt vnnd treugt bey allermenniglich, mich zu smehen vnnd schendenn. Sie hats alsso angericht, das kein Prediger, kein Burgermeister oder Radtman sich jhrer weiter wyll annehmenn, Als auch wol Doctor Brissman vnnd seynn liebe Hausfrauw werden berichtenn". Der klügliche Ton dieses Herzensergusses lässt an der Treue seines Berichtes nicht zweifeln. Auch, dass er an die eigene Schwester seines Weibes, seine Schwägerin gerichtet ist, spricht für die Wahrhaftigkeit seiner Worte. Wohl hat er verschwiegen, was ihn selber gravierte; doch ist auch zu bedenken, dass bei einem Manne manches entschuldbar ist, was das Weib aus der sicheren Höhe seiner sittlichen Würde herabzieht und der öffentlichen Verachtung preisgibt. Schon aus seinen Fabeln hätte man auf den Charakter seines Weibes einen Schluss ziehen können. Oder muss man nicht glauben aus dem schmerzlichen Ton der Moral Esop. IV 19, v. 123 ff. die Bitterkeit eigenster Erfahrung hindurchklingen zu hören, wo er sagt: „Man sagt: gleich wie die alten sungen, Der massen lernten auch die jungen. Sauffen vnd fressen ist schand vnd stindt, Vnd sonderlich, wo man solchs findt Bey alten oder jungen Weiben. Dauon ich wol ein Buch wolt schreiben. Ein truncknc Fraw, die lebt im Frass, Ist gleich so freundtlich wie ein ass, Das daussen ligt auff faulem Mist: Solch freud wie bey demselben ist, So ist bey den auch zu verhoffen, Die sich nit ehe wölln legen schloffen, Sie haben sich erst voll gefüllt. Gut wers, wenns damit wern gestillt; Denn hebens offt ein Metten an, Die hat neun lange Lection, Die Laudes mit einr Litaney, Die wehrt ein stund zwo oder drei, Mit einem langen Miserere. Die Preuschen Frawen sein damit Ins gmein begabt... Des ich zum theil erfahren han, Das, der daselben ein Fraw nimpt Vnd eine solche vberkümpt, Die das starck Dantzker Bier nit mag, Der trifft ein guten Heirats tag". Der letzte Zwist am Sonntag vor Ascensionis domini, wo er Barbara, als er morgens aus der Predigt heim kam, in seinem Hause antraf, wie sie sackte und sackte, scheint so heftig gewesen zu sein, dass Burkard, jede Hoffnung auf Versöhnung aufgebend, seinem Vorsatze treu blieb und sie nicht wieder bei sich aufnahm.

Auch mag Barbara selbst an eine aufrichtige Versöhnung im Ernst nicht gedacht haben. An jenem Sonntagmorgen hatte sie ihr Heiratsgut aus Burkards Hause heimlich fortholen wollen; dieses wenigstens wollte sie nicht freiwillig aufgeben und da es ihr dort missglückt war, so versuchte sie es nun auf dem Wege des Prozesses zurückzuerhalten. Sie wandte sich deshalb an den Ordensmeister *), bei dem sie zunächst indess keine oder doch keine sie zufriedenstellende Unterstützung ihrer Ansprüche fand. Das schreckte sie aber nicht ab, einen neuen Versuch zu wagen und mit einer ausführlichen Klagschrift, wahrscheinlich Ende 1535, beim Ordensmeister Hermann von Brüggeney persönlich vorstellig zu werden. Und um dieses Mal sicherer zu gehen, erwirkte sie sich noch zwei Empfehlungsschreiben von den Räten zu Danzig**) und Königsberg.***) Allein die Danziger Herren, welchen der üble Leumund des Weibes nicht unbekannt sein mochte, beschränkten sich vorsichtig darauf, den Ordensmeister zu ersuchen, dass er „etzliche jre boschwer, jamer vnd bedruck, so jr von jrem ehmanne zcugefuget werden solen, neben jrer vormeinten gerechtickeit vnd anliggent jm besten" aufnehmen möge. Die Königsberger dagegen haben für ihre Klage, „das sie vonwegen jres elichen mannes Burcharden seins vnzcuchtigen wessens halben, so er ein lang zceit mit schlaen vnd ausiagen gen jre person geubt, hoch geengstigt vnnd genottdrangt sey worden, so das sie sich von dem jren hot begebn mussen", ein wärmeres Herz — war sie doch ein Kind ihrer Stadt —; sie geben ihr das Zeugniss, dass sie sich der Bitte um Befürwortung ihrer Angelegenheit nicht haben entziehen mögen, „Dweil dan die obbemelt fraw Barbara aus vnnser Stadt als von Erlichen frommen leuten geboren

---

*) Dieses erste Gesuch Barbaras, dessen Existenz sich aus dem Eingang der zweiten erhaltenen Klagschrift ergibt, scheint verloren.
**) 1535. Dez. 15. Danzig. Burgerm. u. Rath v. Dantzig an den Ordensmeister Herm. v. Brüggeney. Schirren, Verzeichniss livl. Geschichtsquellen No 282.
***) 1535. Dec. 29. Altenstadt Königsberg. Burgerm. u. Rath v. Königsb. an den Ordensmeister Herm. v. Brüggeney. Schirren, Verzeichniss livl. Geschichtsquellen No 284. Die obenstehenden Auszüge nach Abschriften Schirrens.

vnd erzcogen, Sich auch nachmals, weil sie erlicher weisse jn irer Juncfrawschafft zur ehe jrem vorigen manne vorgeben vnd da ie bey vns gewohnet, in alweg erlich, zcuchtig vnd redlich gehalten." Daher möge der Ordensmeister „jn ansehung jres erlichen Herkomens" dazu verhelfen, dass „die arme fraw das jre bynnen der Stadt Righe, so sie zu jrem manne gebracht, dauon sie als mit gewalt voriagt, widderumb bekommen mocht."

Eine bessere Verteidigerin ihrer Sache war Barbara selbst. Ihre Supplication*) liess sie überall hin verbreiten. Sie habe sich, wie einer frommen Ehefrau gezieme, in allen Ehren und Tugenden gehalten. „Worenntkegenn sich Borchart Waldis alse ein vnntruwer, eherloser, vnnchristlicher mennsche (Die vonn wegenn siner vthuorschamedenu bosenn Daeth synn anngesychte vor fromenn, eherleuenden ludenn thoerheueun, vnnd mith Dennselbigen vmmethogaennde vnwerdich ja) geholden vnnd ertzeiget. Dann vnnder mehr annderenn vnntbemelikenn vornemenn heft he bie tydenn, Dho jck noch bie ehme was, hinder mynem ruggenn tho myner schwester vnnd andern minenn vorwantenn frundenn (wie syne eigene hanndtschrift apennthlich vthwiseth) syne schmeheschrifte gelanngenn lathenn vnnd my mith vnnliderlikenn, vthuorschamedenn stuckenn vnuorsehenns meher annderenn also bolacht vnnd bodragenn!, als solde jck my anders kegenn ehme, dann der gebüre vnnd billicheit gemete synn mach, erthoget vnnd thouerye begunngenn hebbenn, Dath he doch sampt alle denn synenn nu edder jnn ewicheit nummer mith bostenndigem grunde der warheit nhabrynngenn kann, sall edder mach. Wo he auerst gehanndelth, werth menn vth nachfolgenndenn Articulen klerlich fatenn vnnd vornhemenn.

„Als nemlich heft he ja synen gelofften, Die he jnn der ehestiftunge tuschenn ehm vnnd my gedhann, jnn keinenn wegenn genoch gedhann, sunderenn bauenn jd hillige gothliche worth vnnd geboth. Dath worth Ja, dar mith jd hillige

---

*) [1585] Barbarenn Schulten wider Borcharton Waldis supplication. 2 Exx. Schirren, Verzeichniss livl. Geschichtsquellen No 276. Nachstehender Auszug nach Schirrens Abschrift.

echte so woll wy jm nhamenn des sonns vnnd des hilligenn geistes thosamenn vnnschedenntlich vorknuppeth, voruestiget vnnd vorbunden nicht geholdenn, die ehe mith vnntuchtigenn frouwen, synenn eigenenn megedenn vnnd annderenn echtemans wyuerenn, die ehme jnn der nach vam bedde hebbenn halen lathenn, geschweket vnnd gebrokenn, My arme elennde wif auer ahne jennige rechtmetige vrsake offt vnnd mennichmall geropeth, geschlagenn vnnd mith vothenn getredenn, darboneffenn so gehanndelth, Dath es einem stene erbarmenn mochte. Vnnd wiewoll jck solliches alles mith grother mines hartenn bedrofnisse geduldeth vnnd be my dardurch tho keinem argerenn bowegen konnenn, Darann heft he sich doch weinich sedigenn lathenn, sunder stetz so vnnchristlich vnnd vnmylde vorthgefarenn vnnd selbst einen leuerferueden Rock jm keller vth dem wege gestekenn, Wor mith he my, alss solde jck dennselbigenn gestholenn vnnd vortrunckenn hebbenn, bolacht vnnd derhaluenn vor herenn Troilus Klokken schentlichenn vnnd vnnwarhaftigenn vorclaget, Darboneffenn erfurdert, Dath menn my derwegenn jnn gefennknisse leggenn solde. Als jck denne sodanns erfarenn, bynn jck jnn eigner personenn tho gemelten hern Troilus Klockenn gekamenn, mine vnnschulth vorgewannt vnnd my des genntzlichenn ennthlecht. Dho nu Borchart vornhamenn sollich synn vorhebbennth alss dath he my jnn gefenngknisse vnnschuldich nicht brynngenn konnde nicht gelingenn muchte, heft he tho my mith velenn vnnuttenn schenthlichenn vnnd spiteschenn Redenn tho my gesachtt, wie es ehm durch lofwerdigenn luden, nemlich durch hern Hinrich Vlennbrock, Corth Durkoep vnnd Meister Johann Lohmuller mith eides veruestunge thogesacht vnnd gelauet, dath he Radther werdenn solde, so with he menn miner anich were, vnnd bynn also vorth vonn ehme denn truwerinck wedder thogeuennde gedrungenn wordenn. Nha enntpfanngenen truwerinnge heft he tho my gesproken: sich nu, denn truwerynnck hebbe jck wedder vann dy erlanngeth vnnd segge dy vp ehre vnnd truwe, leue, fruntschaft vnnd alle gudt; Dw doruest dy ock nu vnnd jnn ewicheit nicht gudes tho my vorsehenn. Ich will dy vorfolgen bis jnn denn doth, solde jck ock nummer kamen, dar goth js. Allennth dath

vnngelucke, wehemoth vnnd elende, jamer, armoth, thouerye
vnnd wedderstalth, so jck vmmer tho wege brynngenn kann
edder mach, will jck dy thofugenn, vnnd wenn dw bauenn
vp sanct Peter torun bynnenn Riga staende wordest, soldestu
dennoch sollichs alle nicht auerschen konnenn, Welketh he
vorwar bestenndich genoch geholdenn, Dann he my dar nha
mith meherem als vorangetagen stuckkenn schenntlichen vor-
schmehet vnud vorhonet, sich ock nicht lenger bie my, wie
einem fromenn huswerde gehorth, erholdenn, sundern my
ganntz vnnd all gemideth vnnd jnn Lohmollers Huse die
Dagelannck rodenn wynn gedrunckenn, Darnha auerst wedderumme tho my als eynn synnloser, vnuornuftiger drunckenn-
bolthe jnn synn huss anerhalss vnnd kop gefallenn vnnd
annders keine gebeerde vann sich dann vthuorschamede
besthe vnnd menschen, die vann ouerflodiger drunckenheit
dem Dode nicht with synn, gegenenn, wordurch jck dann
my ganntz vann hartenn bodrouede, ohne dennoch dho forth
mith hulpe synes leherjungenn wedderumme erhauen, mynn
mest vthgethagenn, ehme die rhemen, Darmith he lucht
krigenn muchte, vpgeschnedenn vnnd dar nha vp die kamer
tho bedde gebracht. Als he sich nu wedderumme vorqwicket
hedde, schyckede he nha Wulff, denn munthemeister, die do
vorth tho ehm vp die kamer, dar he vp den bedder lach,
kuam, vmme syne meinung thohorennde. Thor stundt bo-
clagede sich Borchart clegelichenn, wie he boslickenn vann
my, syner frouwenn vorgeuen were, vnnd der wegenn jnn
grother kranuckheit bohaft lege, mit angehaftem bidden, he
solde sich doch thom burgermeister vorfugenn vnnd' jnn
synem nhamenn my dermathenn thostraffennd furderenn,
die sich doch sollicher syner dorheit nicht weinich vorwun-
derth vnnd gesacht, dath ehm also my vor denn Burgermeister thouorclagennd geborenn wolde, Dwilenn menn woll
vhile annders, alss dath he nicht vorgenenn were ersehenn
konnde. Wue dem allenn hett he doch darennbauenn synenn auermoth nicht styllenn wollenn, sunder denselbigen
je meher vnnd meher kegenn my arme schamele wiff ertoget
vnnd gedreuenn, also dath he my nicht lennger bie sich
heft duldenn konnenn, sunder ann einem sondage morgenn
vnnder dem sermonn jemerlich vth dem huse jnn annsehennt

veler dapperer lude geslagenn. Vnnd alse jck die klynncke der dhorenn ergrep, sloch he my die hennde mith knuppelenn, dath jck die dar vann loss leth vnnd alse vth dem huse elenndichlichenn vorstoth vnnd voriageth worth", u. s. w. Darauf habe sie bei einer Nachbarin Unterkunft gesucht; die aber sei der unnützen Kostgängerin auch überdrüssig geworden. Da wäre sie zu Burkards Hinterthüre gegangen, um von der Magd ein Stück „Heketh" zu erbitten, die Magd habe sie jedoch Burkard verraten, der ihr mit einem Knittel den Arm zerschlagen, so dass sie ein totes Kind mit einem zerbrochenen Arm geboren hätte. Sie habe ihm dennoch Aussöhnung anbieten lassen, B. aber habe ihr erwiedern lassen, sie sollte in sieben par Teufels Namen reisen und nimmermehr wieder kommen und ihr 10 Mark zur Zehrung, einen alten braunen zerrissenen und einen schwarzen Rock, drei Ohrkissen und etliche Tücher, Hemden und Vortücher gesandt, alles ohne Wert. Dann sei sie zu Schiffe nach Preussen zu ihren Freunden gefahren; Burkard aber habe sie auch da noch mit Zauberei verfolgt, so dass das Schiff trotz des schönsten Segelwetters nicht von der Stelle gekommen, sie aber beinahe von den Schiffern ersäuft worden wäre*).

Schwerlich sind die aus der Klagschrift wörtlich mitgeteilten Anklagen Barbaras blosse Erfindung, wenn schon übertrieben. Hatte sie gesündigt, auch er war nicht ohne Schuld. Vielleicht allzu lange war Burkard, ein heimatloser Mönch, durch die Welt gefahren, um so bald die Pflichten, welche er seinem Weibe schuldig war, zu erkennen, und sie auch dann noch zu achten, als sie ihm durch ihren bösen und liederlichen Charakter so sehr erschwert wurden. Fast gewinnt es den Anschein, als ob er Barbara Schulte um ihres Vermögens willen geheiratet habe, wenn wir das moralisirende Bekenntniss des resignierten Dichters vernehmen: „Man sagt, es ist kein besser gut, Denn das man vmb sonst schencken thut. Das will ich widersprechen frey; Aus erfarung red ich dabey: Besser ein gülden, den

---

*) Dieser Teil des Schriftstückes wörtlich bei Schirren, Balt. Monatsschr. 3 (1861), S. 510 f.

man werbt, Denn Zehen, die jm angeerbt; Des gniessen selten Kindes Kindt. On alle Wormkraut wirdt mans quidt, Male quesit, male perdit" (Esop. IV, 15). Jetzt, da er den Schaden hatte, kam die Einsicht zu spät: „Es ist, gleub mir, zu aller frist Kein grösser leid, denn das cinr ist Mit einem bösen Weib beladen. Sie können ein in leid vnd schaden Bringen mit lüg vnd bösem schwetzen, Damit die Leut znsamen hetzen. Es solt einr lieber Steine tragen Auff die Maur vnd all arbeit wagen, Denn das einer sein zeit vertreib In leid mit einem bösen Weib, Vnd viel lieber des Todtes sterben, Denn solch ein zähen Balg zu gerben, Vnd lieber der Welt vnglück haben, Denn solch vngschmeidig Leder schaben. Man sagt, wer blind sey, der sey arm, Ist bilch, das man sich sein erbarm: Noch ist der viel ein ermer Mann, Welcher sein Weib nit zwingen kan" (Esop. IV, 67; vgl. auch IV, 11. 60 und 81). Jedoch einstweilen war er seines Hauskreuzes ledig. Was Barbara 'trieb und wie es ihr erging, mochte ihn wenig kümmern; bis sie ihren Prozess beim Ordensmeister zu Ende geführt hatte, konnten Jahre vergehen; so lange hatte er vor ihr Ruhe, nicht aber vor seinem unruhigen Kopfe und seinen ehrgeizigen Gedanken. Noch war in Livland der Kampf, welchen die Reformation erweckt hatte, nicht beendet, in welchem Riga vor den übrigen Städten und Ständen die reformatorischen Interessen vertrat. Wie hätte Burkard untätig bleiben sollen, wo man zuerst offen, dann als der offene Anschlag missglückt war, heimlich verhandelte, sich verschwor und zum Ueberfall rüstete. Mit den Führern war er seit Jahren befreundet und sicherlich hatte er es nicht vergessen, dass sie ihm einmal die Ratsherrenwürde versprochen; vielleicht war sie jetzt zu erlangen. Einmal schon hatte er im Dienste eines Andern seine Haut zu Markte getragen. Jetzt trat er in den Sold eines Mannes, trotz grosser Dienste, die er der Reformation geleistet, dennoch von höchst zweifelhaftem Charakter. Dieser Mann war Magister Johannes Lohmüller, Syndicus der Stadt Riga.*)

---

*) Vgl. die treffliche Charakteristik Schirrens, Baltische Monatsschrift 3, 514 f.

Aus Burkards Brief an Christina, noch mehr aus Barbaras Supplication sind seine freundschaftlichen Beziehungen zu Lohmüller ersichtlich. Es schmeichelte Burkard, dem angesehenen Manne nahe zu stehen. Lohmüller aber war die Seele jener Unterhandlungen, welche die livländische Conföderation herbeiführten, die durch offenen Gewaltstreich die Säcularisation des Erzstiftes und die Durchführung der Reformation im ganzen Lande zum Zweck hatte. Riga hatte unter dem Druck des Erzstifts, dessen Zwingburg in seinen Mauern stand, am meisten zu leiden gehabt; Riga hatte daher am bereitwilligsten von allen Städten die Reformation bei sich aufgenommen und ihr einen begeisterten Willkommen bereitet, nirgends auch tat ihre zersetzende Kraft wie hier ihre Wirkung. Von Riga aus nahm daher die livl. Conföderation i. J. 1532 ihren Anfang. Am 4. Januar schloss die Stadt ihr Bündniss mit der Ritterschaft des Erzstifts, am 30. mit dem Comthur von Windau, am 6. Februar mit dem kurländischen und am 25. October mit dem öselschen Adel und am 27. Dezember mit dem Herzog von Preussen. Am 1. April 1533 trat auch Markgraf Wilhelm, Coadjutor des Erzstifts, zur Conföderation über. Ihr offenkundiger Plan war folgender: nach dem Tode des Erzbischofs sollte sich Markgraf Wilhelm des erzbischöfl. Stuhles bemächtigen, sich vermählen und das Erzbistum allmälig zur Säcularisation hinüberführen. Der kühnere Markgraf aber griff diesem Plane voraus. Er benutzte den Streit des Bischofs von Oesel mit der Ritterschaft der Wieck, indem er sich von der letzteren zum Gegenbischof ausrufen liess, bewaffnet ins Erzstift einfiel und in Hapsal die Huldigung annahm. Den unermüdlichen Vermittelungen Plettenbergs gelang es für dieses Mal, den Markgraf zur Aufgabe seiner Ansprüche zu bewegen und damit den offenen Plan der Conföderation zu vereiteln.

Im geheimen aber waren die Entschlosseneren mit den benachbarten Mächten schon zu einer Verschwörung geschritten. Sobald der Markgraf von den Gegnern bedrängt würde, sollten sie von allen Seiten auf dem Wahlplatz erscheinen; Dänemark und Schweden sollten mit ihren Flotten in Riga, Oesel und Reval landen, der Herzog von Preussen mit Reiterei und Fussvolk in Kurland einbrechen, unterstützt vom König von Polen. Die Adelichen, mit dem Ausgang der öselschen Händel wenig zufrieden, hielten sich teils missvergnügt auf ihren Gütern im Lande, teils hatten sie sich um Dietrich Buttler von Tuckum, der im bauskischen in Kurland sass, gesammelt, die heftigeren aber stellten sich direkt in den Dienst Herzog Albrechts von Preussen und gingen nach Königsberg. Von hier aus leitete Lohmüller, nachdem er wegen seiner Verrätereien von Riga geflohen, die Verschwörung. Durch Agenten und Spione empfing er Nachrichten über alle Vorgänge im Lande. Auch Burkard Waldis, den sein Geschäft bald hierhin, bald dorthin führte, besorgte geheime Botschaften in seinem Auftrag.

Wodurch der Verdacht des Ordensmeisters auf ihn gelenkt wurde, ist nicht ermittelt. Weihnachten 1536 ereilte den Ahnungslosen das Verhängniss. Wahrscheinlich während er bei Verwandten seiner Frau im Bauskischen auf seiner Reise Einkehr genommen, wurde er ergriffen, gefangen gesetzt und verhört, auch peinlich. Ein Fragment des Protokolls ist erhalten*). Er bekennt um Lohmüllers Flucht aus Riga und seine geheimen Verbindungen mit dieser Stadt zu wissen und dass er vor zwei Jahren bei ihm in Königsberg gewesen. Deutlicher lassen zwei Briefe die schlimme Lage Burkards erkennen. Der eine**) ist vom Ordensmeister Hermann von Brüggeney an den Ordensvogt zu Bauske gerichtet, des Inhalts: der Ordensvogt solle den Burkard Waldis, von dessen fernerer Krankheit er vernommen, in der Badstube nicht aus- und einführen lassen, sondern ihm und dem Barbier eine besondere Kammer anweisen, Niemand zu ihm lassen ausser Vertrauten, die die Krankheit besichtigen und im Todesfalle bezeugen könnten; auch wolle er

---

*) 1536. Dec. 25. Bauske. Burckhardt waldis bekentnus Anno etc. xxxvj. thom Bowsske nha wynachtn gedan. Kopie. Schirren, Verzeichniss livl. Geschichtsquellen No 289.
**) [1537?] Jan. 27. Wenden. Ordensmeister Hermann von Brüggeney an den Vogt zu Bauske. Dat. Wenden Mondages na Conuervionis pauli. Koncept. Schirren, Verzeichniss No 297. Der vollständige Brief bei Schirren, Balt. Monatsschr. 3, 519 f.

etliche Räte und Getreue senden, in der Sache weiter zu prozedieren. Stürbe der Kannegiesser, so sei er bis auf weiteren Bescheid in einem Sarge an einem heimlichen Orte zu bewahren. — Was für eine Krankheit Burkarden befallen, bedarf es noch einer Erklärung? Es sind die entsetzlichen Qualen, welche die Marterwerkzeuge des Henkers dem Unglücklichen in der Folterkammer bereiten.

Im Frühjahr 1537 macht der Ordensmeister einen energischen Angriff auf die Verschwörer. Dietrich Buttler wird ergriffen und nach Wenden gebracht; er bekennt freiwillig, wird aber gefoltert und stirbt im Gefängniss. Nach seinem Tode beginnt die Jagd auf die übrigen und nun erst kam auch für Burkard die Zeit der härtesten Prüfung; denn nicht als einfacher Briefträger, sondern als Mitverschworener wird er behandelt. Auch er ist inzwischen nach Wenden versetzt worden, dem geheimen Richtplatz des Ordens. Der Meister frägt die Ordensgebietiger, wie man es mit ihm halten solle, und der Comthur von Fellin rät am 20. April 1538 unter Zustimmung seiner Kollegen, dass in Folge der Bekenntnisse Buttlers und wegen seiner verdienten Schulden, damit alles, was etwa noch verborgen, ans Licht käme, aufs Neue die Tortur anzuwenden sei, jedoch im Gefängnisse und heimlich, nur im Beisein getreuer Ordensverwanten, nicht lautbar*).

Seit dieser Zeit dringt keine Kunde aus seinem Kerker. Was er erduldet, davon zeugen nur seine Psalmen**), die er in diesen Tagen der Angst ins Deutsche zu übertragen begann, um, wie er in der Vorrede bekennt, „die langweilige vnnd beschwerliche gedancken, vnd Teuffeliche anfechtung damit zuuertreiben, odderje zum theyl zu vermindern". In dieser Beschäftigung rang die Seele des von allen Seiten Verlassenen nach Fassung. „An allen Menschen gar verzagt", so übersetzt er den 25. Psalm, „Zu dir mein seel wil geben, Herr Got, auff dich hab ichs gewagt, Erhalt mich bei dem Leben, All mein züflucht stell ich an dich, Lass nit

---

*) 1538. April 20. Fellin. Komthur zu Fellin an den Ordensmeister Hermann von Brüggeney. Datum Vellin, Pasche Auendt Anno etc. xxx viijo. Original. Schirren, Verzeichniss livl. Geschichtsquellen No 304.

**) Der Psalter erschien: Gedruckt Zu Franckfurt am Meyn, Bei Chr. Egenolff. Anno M. D. Liij. Im Mayen.

zuschanden werden mich, Dass sich mein feind nit frewen. Mein augen sind all zeit zu dir, O Herr, mein Got, gerichtet, Dass du helffst auss dem netze mir, Dern, die mich han vernichtet, Erbarm dich mein vnd sihe mich an, Dann arm bin ich, von iederman Auch gar vnd gantz verlassen. Meins hertzen weh richt mich ietz hin, Komm Herr vnd tröst mich wider: Schaw, wie ich gar vernichtet bin, Im elend lig darnider; Darumb vergib die Sünde mein, Sih an, wie vil der feinde sein, Die mich ob sach verfolgen."

Völlig verlassen war Burkard von seinen Freunden jedoch nicht. Zwar klagt er: „Glaub mirs, ich bin mit schaden gelehrt: Es ist gross Ding freundt in der not, Noch grösser Freundt biss in den tod, Im bösen Gricht Freundt hinder rücken, Die drey machen eine feste Brücken." Und an einer andern Stelle: „Solch vntrew vnd solch elend wesen Hab ich viel von den alten glesen, Welchs jetzt wirdt auff ein hauffen gar Mit schaden an mir selber war. Denn jetzt sein kaum zwen oder drey, Die mir in nöten treten bey. Den andern hauff muss faren lassen: Sie sein allein des glücks genossen. Denn da michs vnglück erst anstiess, Aus forcht ein jeder Freundt abliess; Da het all Freundtschafft gar ein endt, Mir wardt der rucken zu gewendt." (Esop IV, 78; vgl. auch Esop I, 40, v. 45 ff.) Allein seine livländischen Freunde konnten, so weit sie noch am Leben oder auf freien Füssen waren, sich nicht wol seiner annehmen, ohne die Gefahr eines peinlichen Prozesses gegen sich selbst zu besorgen. Wol aber konnten seine heimischen Blutsverwanten, vor solchem Verdachte schon durch die Entfernung vom Schauplatz der Ereignisse geschützt, für Burkard eintreten und sie, die natürlichsten Vertreter des verklagten Bruders, fanden vielleicht in der Verwendung ihres Landesherrn noch eine besondere wirksame Unterstützung.

Schon am 4. November 1538 hatte Landgraf Philipp von Hessen auf den Wunsch von Burkards Brüdern an den Ordensmeister geschrieben. Aber erst im Herbst 1539 kam die wenig tröstliche Antwort, dass Burkard keineswegs der Religion halben, sondern wegen unmilder, unchristlicher Praktiken, Anschläge heimlicher Conspiration, Verbündniss,

Meuterei und Aufruhr wider den deutschen Orden und nicht schlechter Weise, sondern als ein fürnämlicher Prinzipal gefänglich eingezogen sei. Wahrscheinlich weil die Antwort des Ordensmeisters so lange auf sich warten liess, während durch Befreundete in Riga von der schweren gegen Burkard erhobenen Anklage, seiner Folterung und der Gefahr, die ihm drohte, Besorgniss erregende Nachrichten in Allendorf einliefen, hatten sich sämmtliche vier Brüder schon 1538 nach Riga begeben. Ausser guten Vertröstungen hatten sie jedoch nur das eine Versprechen erlangen können, dass Burkard in Zukunft von der Folter verschont bleiben und vor ein ordentliches Gericht gestellt werden solle*). Darum ersuchen sie den Landgrafen Ende April oder anfangs Mai 1540 zum drittenmal, da sie die erhobenen Beschuldigungen nicht anerkennen könnten, vom Ordensmeister die Entlassung Burkards oder das Urteil eines unparteiischen Gerichts über ihn zu fordern**). Dieses Schreiben sandte Philipp am 4. Mai 1540, die Bitten der Brüder nachdrücklich empfehlend, an Herm. von Brüggeney,***). Allein auch diesesmal gingen die gehegten Hoffnungen nicht in Erfüllung, ja auch der Tortur wurde Burkard noch fortwährend unterworfen, obgleich der Ordensmeister, ihm diese zu erlassen, seinen Brüdern ja versprochen hatte.

Da entschlossen sich die Brüder noch einmal nach Livland zu reisen.

Inzwischen hatte sich auch der Rat zu Riga beim Ordensmeister zum öftern schriftlich und mündlich für Burkard verwandt, zuletzt noch am 18. Juni 1540 auf Antrag

---

*) Dies ergibt sich aus den Worten ihres Briefes vom 18. (?) Juni 1540: „Als dann e. f. g. vor zwegenn jarenn auff jrem Schloss zu Riga vns vnd andern vnsernn brudern vnd frundenn, vnsers lieben bruders Borckhart Waldis halbenn, gnedige vertrostinge vnd zusage gethaln, das derselb vnser bruder in der gefencknis, . . . ann seyner leibsgesuntheyt odder sunst nicht beschediget oder verletzt, sondernn jn erster e. f. g. verschreybunge jrer erwirdigenn vnd wirdigenn hernn gebietigernn auff freye fusse zur antworthe solde gestellet werden."

**) [1540. vor Mai 4. Allendorf.] Urban Christian Hans und Bernhard Waldis an den Landgrafen Philipp zu Hessen. Copie, Briefeinlage. Schirren, Verzeichniss livl. Geschichtsquellen No 313.

***) 1540. Mai 4. Cassel. Landgraf Philipp von Hessen an den Ordensmeister Herm. v. Brüggeney. Orig. Schirren, Verzeichniss No 314.

seines früheren Gehülfen Cyriacus Klinth*), als sich Burkards Brüder schon in Riga befanden**). Auch sie verlangen einfache Entlassung oder den Spruch eines ordentlichen Gerichts und unterlassen überdies nicht, den Ordensmeister vor der üblen Nachrede zu warnen, welche ihnen und ihm, dem sie mit Treuen und Eidspflichten verwandt, aus der langwierigen Haft und Folterung eines Stadtbürgers erwachsen und ihrem Handel zum Schaden gereichen könnte. Ungefähr gleichzeitig mit diesem Schreiben wiederholen Hans und Bernhard Waldis von Riga aus ihre Bitte***) und diesen vereinten Anstrengungen gab endlich der Ordensmeister Gehör. Der Brief, in welchem ihm Johannes von der Recke, Komthur zu Fellin, die Entledigung Burkards meldet, ist datiert vom 21. Juli 1540†). Und damit nach so vielen und schweren Dissonanzen die Harmonie eine vollkommene werde, so erfolgte an demselben Tage auch die Aussöhnung Burkards mit Barbara††).

Man wird es begreiflich finden, dass Burkard in dem Lande nicht länger bleiben wollte, in dem er das Schwerste erduldet, in der er alles eingebüsst hatte, worauf seine

---

*) [1540. vor Juni 18. Riga.] Cyriacus Klinth an den Rath zu Riga. Copie, Briefeinl. Schirren, Verzeichniss No 317.
**) 1540. Juni 18. Riga. Burgerm. und Rath zu Riga an den Ordensmeister Herm. v. Brüggeney. Orig. Schirren, Verzeichniss No 318.
***) [1540. c. Juni 18. Riga.] Hans vnd Bernhardt waldiss gebruder an den Ordensmeister Hermann v. Brüggeney. Kopie. Schirren, Verzeichniss No 315. Dass dieser Brief von Riga aus geschrieben, ergibt sein Inhalt und das genauere Datum die Stelle „na zwene syner Broder vorschrifftenn vonn dem Lanthgraffenn zw Hessen, An e. f. g. lautende, Alhie mitt vns Angekommenn" des Briefes vom Rigaer Rate an den Ordensmeister vom 18. Juni 1540. Vgl. ob. S. 35, Anm. **.
†) 1540. Juli 21. Fellin. Johann v. d. Recke, Komthur zu Vellin an den Ordensmeister Herm. v. Brüggeney. Schirren, Verzeichniss No 320.
††) 1540. Juli 21. Fellin. Joh. v. d. Recke, Komthur zu Fellin urkundet über die Beilegung des Ehezwistes zwischen Burkard Waldis und dessen Frau Barbara. Nach einer Abschrift Schirrens. Uebrigens hatte Barbara, auch nachdem Burkard gefangen gesetzt war, nicht aufgehört, ihre Ansprüche an denselben zu verfolgen; davon zeugen eine Urkunde, welche der Hausvogt Caspar Nostiz zu Königsberg am 30. Dez. 1537 auf Antrag des Joh. Schulte, Barbaras Bruder, ausgestellt hat, und ein Brief des Bürgermeisters u. Rates der Stadt Riga an den Ordensmeister Herm. v. Brüggeney vom 27. März 1540. Vgl. Schirren, Verzeichniss No 312.

Existenz stand, seinen guten Ruf, sein blühendes Geschäft und selbst die Gesundheit des Leibes. Auch alt war er geworden. Er kehrte zurück in seine Heimat und die freundlichen Bitten seiner in aufopferungsvoller Liebe so treu erfundenen Brüder machten ihm die Uebersiedelung leicht. Und während er hier in der Pflege der so lange entbehrten Verwanten den siechen Körper kräftigte, kehrte auch dem Geiste des nie rastenden Mannes der frühere Schaffensdrang wieder; er beschloss lutherischer Pfarrer zu werden. Wo aber anders konnte ein Burkard Waldis, ein so begeisterter Anhänger Luthers, sich dazu vorbereiten, als in Wittenberg selbst; im Winter 1541 finden wir ihn dort, um zu Füssen des berühmten Gottesmannes der neuen Lehre zu lauschen*).

Wahrscheinlich 1542 kam er nach Allendorf zurück und da eine vakante Pfarre nicht gerade vorhanden war, die durch ihn hätte besetzt werden können, so suchte er zunächst durch mehrere politische Gedichte die Gunst seines Landesherrn zu gewinnen. Eine gute Gelegenheit dazu bot der eben ausgebrochene schmalkaldische Krieg, in welchem Landgraf Philipp, als Mitglied des protestantischen Fürstenbundes, den von Herzog Heinrich dem Jüngeren von Braunschweig angegriffenen Städten Braunschweig und Goslar Hülfe geleistet und die Feste Wolfenbüttel im Sommer 1542 erobert hatte. Diese Fehde bewegte alle Gemüter und rief eine grosse Anzahl von Streit- und Schmähschriften für und wider Heintz Wolfenbüttel hervor, unter denen einige sogar von Luther herrühren. Da gedachte Burkard, dass auch er seinem Landesherrn mit seinem Talent nützlich sein könnte, und verfasste die drei satirischen Gedichte: „Der Wilde Man von Wolfenbuttel", „Hertzog, Heinrichs vonn Braunschweig Klage Lied", nach der Weise eines zu jener Zeit viel gesungenen bekannten Volksliedes „Ich stund an einem Morgen" und „Wie der Lycaon von Wolffenbuttel, jcz

---

*) Im Album Academiae Vitebergensis, ed. Förstemann. Lipsiae 1841, ist pag. 192 a „Burchardus Vualdis Hessus" für das Wintersemester 1541 inscribiert.

newlich in einen Münch vorwandelt ist", sämtlich im Jahre 1542*).
1543 brachte er ein Schmähgedicht gegen die kathol. Geistlichkeit nebst Fabeln „Ein warhafftige Historien von Zweyen Mewssen, So die pfaffen jm Hüttenberge bey Wetzfalar haben verbrennen lassen, Darumb das sie ein Monstrantzen Sacrament gefressen hetten. Item. Drey schoner newer Fabeln**)" und ein Bilderbuch mit Reimen „VRsprung vnd Herkumen der zwölff ersten alten König vnd Fürsten Deutscher Nation, wie vnd zû welchen zeytten jr yeder Regiert hat [Druckerzeichen: Doppeladler zwischen zwei gekrönten Säulen.] M. D. XLIII.", die damals anfingen Mode zu werden***). Die Reime dieses letzteren Buches sind poetisch von untergeordnetem Wert; sie gewinnen aber dadurch eine Bedeutung, „dass sie in die meisten deutschen Chroniken des Jahrhunderts übergingen und späterhin Fischart Veranlassung gaben, dieselben mit zwei Gedichten

---

*) Vgl. Gödeke, Grundriss z. G. d. d. Dichtung 1, S. 363; Buchenau, a. a. O., S. 19 u. 32. Das Klagelied ist abgedruckt von Gödeke in der Zeitschr. d. hist. Vereins f. Niedersachsen. Jahrg. 1852. S. 161 ff. und von Mittler a. a. O. Zwar ist der Autor nur durch B. W. auf dem Titel oder am Ende bezeichnet, doch ist kein Zweifel, dass B. Waldis der Verfasser ist.
**) Vgl. Gödeke, Grundriss S. 363, Buchenau a. a. O. S. 19 und 33. Die Fabeln nahm Burkard nachher in den Esop (IV, 99. 95. 7) auf, die letztere jedoch stark umgearbeitet. Die Historie von den zweien Mäusen ist jetzt wieder abgedruckt in der Ausgabe des Esop von Heinr. Kurz, Deutsche Bibliothek, Bd 2, S. 309 ff.
***) Vgl. Gödeke, Grundriss S. 363 und Buchenau a. a. O., S. 20 und 33, ebenso auch für die folgenden noch zu erwähnenden Werke von Burkard Waldis; Mittler a. a. O., S. A., S. 33 ff. Dieser Druck in Folio, aus 16 Blättern mit den Signaturen A—D bestehend, enthält Bl. 2a die Vorrede, die von Mittler, ich weiss nicht aus welchem Grunde, dem Verleger zugeschrieben wird, Bl. 2b—14a die Bildnisse der Könige mit den Reimen, Bl. 14b—16a den Lobspruch, welcher zweispaltig gedruckt ist. Die Bildnisse nehmen jedesmal die volle Rückseite eines Blattes ein und sind so gut gezeichnet, dass sie wohl von einem der namhaften Nürnberger Künstler herrühren könnten. Dargestellt sind: 1) Tuiscon aller Deutschen Vater. 2) Mannus der Erst Deutsche Künig. 3) Wygewon König der nidern Deutschen. 4) Heriwon König der mittel Deutschen. 5) Eusterwon König der obern Deutschen. 6) Marsus König im Niderlandt. 7) Gambriuius König in Brabant, Flandern. 8) Sueuus ein Anherr aller Swaben. 9) Wandalus der Wenden König. 10) Ariouistus ein König aller Deutschen. 11) Arminius ein Fürst zu Sachssen. 12) Carolus Magnus der erst Deutsche Keyser.

einzuleiten und zu schliessen, die seine besten sind." Der angefügte „Lobspruch der alten Deutschen", der in frischem Tone Burkards vaterländische Gesinnung bekundet, ist dagegen als ein ehrendes Zeugniss seines patriotischen Sinnes bemerkenswert.

Im Jahre 1544 endlich erreichte Burkard das ersehnte Ziel seiner Wünsche. Als um diese Zeit die Propstei Abterode, zwei Stunden von Allendorf und eine der reichsten im Hessenlande, durch den Tod des Pfarrers Christoffel Thiele erledigt wurde, verlieh Landgraf Philipp diese Pfründe dem alternden Dichter*). Hier in seiner Heimat fand der so lange vom Schicksal Verfolgte zuletzt die ruhige Sicherheit des Lebens und mit ihr auch die Zufriedenheit des Herzens und die Spannkraft des Geistes wieder und mit gutem Grunde machte er fürder die Worte des Psalmisten 77, 21 Mutatio est dexterae excelsi, die Rechte des Höchsten kann Alles wenden, zu seinem Wahlspruch. Er fühlte sich so wohl, dass er sich zum zweiten Male vermälte, jetzt mit

---

„Die erklärenden Reime wurden, jedoch ohne den Lobspruch, der deutschen Bearbeitung des Geschichtswerkes des Joh. Aventinus und den Memorabilia mundi des Matth. Quad (Köln 1601) einverleibt und von Matthias Holtzwart mit einem Vor- und Nachworte Fischarts, welche freilich den Lobspruch unseres Waldis in Schatten stellen, 1573 als besonderes Werk (Eikones), 1581 als Anhang der Emblematum tyrocinia neu herausgegeben." Mittler, a. a. O. S. A., S. 35. Der Lobspruch, dessen Wiederabdruck schon von anderer Seite gewünscht worden ist, folgt im Anhange nach dem einzigen bekannten Exemplar zu Wolfenbüttel, Quodl. 155 Fol.

*) Nach einem im J. 1627 aufgestellten Verzeichniss der Pfarrer zu Abterode hiess der Vergänger von B. Waldis Christoffel Thiele, der noch 1543 in Urkunden als lebend erscheint. Auf Thiele wird in dem betreffenden Verzeichnisse unmittelbar B. Waldis genannt mit den Worten: Burcard Waldis, welcher in anno 1544 am 13. Septembris introducirt worden vor ein probst vnd pfarrer vnd ist dessmals erst probstey vnd pfarr conjungirt worden." Die Probstei Abterode unterstand früher den Aebten zu Fulda, diese setzten einen Propst ein, der sich jedoch durch einen Pfarrer als Vicar vertreten liess. Der letzte fuldaische Propst Rudolf Schenk zu Schweinsberg übertrug aber in den Jahren 1542—44 die Anstellung eines Pfarrers und Propstes in einer Person, dem auch alle Einkünfte zufallen sollten, dem Landgrafen Philipp von Hessen. Burkard war demnach der erste protestantische Pfarrer in Abterode. Vgl. Buchenau a. a. O., S. 20; Bach, Kirchenstatistik von Kurhessen 1835, S. 269; Kopp, Beiträge, S. 83 u. 124.

der Wittwe des Pfarrers Heistermann zu Hofgeismar*), die ihm eine Tochter zubrachte, deren Gatte, Balthasar Hiltbrandt, die Stütze seines Alters und sein Nachfolger im Amte wurde**). Den unermüdlichen Eifer in seinem geistlichen Beruf hat ihm die eigne Gemeinde bezeugt mit Worten aufrichtigen Dankes und von der Benutzung seiner Musse reden seine literarischen Werke, von welchen die meisten, obschon zum Teil früher begonnen, aus dieser Periode stammen.

Zuerst erschien der „Esopus, Gantz New gemacht, vnd in Reimen gefasst. Mit sampt Hundert Newer Fabeln, vormals im Druck nicht gesehen, noch aussgangen. Franckfurdt a. M. 1548." Die Bedeutung dieser Fabeln ist so bekannt, dass es genügt auf die treffliche Charakterisierung ihrer Vorzüge von Gervinus, Gesch. d. d. Dichtung 3^5, S. 60 ff. und die neue Ausgabe von Heinrich Kurz, Deutsche Bibliothek Bd 1 u. 2 zu verweisen. Alle seine Vorgänger, und Nachfolger, die zum Teil seine Nachahmer wurden, übertrifft Burkard an Frische des Tons, der bald einfach derb und deutsch, bald humoristisch oder satirisch gefärbt ist, an Leichtigkeit in der Handhabung der Sprache, anschaulichem Vortrag und einer Fülle praktischer Erfahrung und Lebensweisheit. In dankbarer Gesinnung widmete er dieses Hauptwerk Johann Butte, dem Bürgermeister der Stadt Riga.

1551 folgte „Eyne warhafftige vnd gantz erschreckliche historien, Wie eyn weib jre vier kinder tyranniglichen ermordet, vnd sich selbst auch vmbbracht hat, Geschehen zů Weidenhausen bei Eschweh in Hessen", worin er diese Untat, die in der ganzen Gegend grosses Aufsehen hervorrief, in Verse brachte.

Das Jahr 1553 endlich brachte den Psalter, dessen Verdeutschung im Gefängnisse sein Trost gewesen war und den er nun seinen Brüdern Hans und Bernhard zueignet

---

*) Auch diese Wahl war keine glückliche, obschon die Frau einer angesehenen und wohlhabenden Familie aus der Grafschaft Lippe angehörte. Nach seinem Tode heiratete sie einen liederlichen Gesellen, der sie und ihre Kinder ins Elend brachte. Vgl. Buchenau a. a. O., S. 22 und Melander, Iocoseria. Francof. 1617. T. III, p. 359.

**) Vgl. Melander, Iocoseria. T. III, p. 359 und I, No 597.

zum Dank für seine Errettung aus so grosser Gefahr. Burkard ist durch ihn einer der bedeutendsten geistlichen Liederdichter geworden, denn viele dieser in kunstvollen dreiteiligen Strophen verfassten Gesänge, die auch mit Melodien versehen waren, fanden in den süddeutschen Kirchengesangbüchern Aufnahme und erhielten sich darin bis ins 17. Jahrhundert. So wahrscheinlich zuerst in dem Züricher Gesangbuch vom J. 1559, dann auch in den Strassburgern, Frankfurtern und Nürnbergern. Und dass diese Psalmen als Kirchenlieder gebraucht würden, lag durchaus in B.s Absicht; denn es sind nicht blosse Uebersetzungen, vielmehr wird auch ihr Inhalt „in den Kreis christlicher Anschauungen und zwar speziell in die Anschauungen der protestantischen Kirche versetzt; seine Psalmen sind deshalb christliche Kirchenlieder, Lieder der kämpfenden protestantischen Kirche". Vgl. Mittler a. a. O., S. A., S. 44 ff.

Dann kam „Die Ehr vnd mañliche Thaten, Geschichten vnnd Gefehrlichaiten des Streitbaren Ritters, vnnd Edlen Helden Tewerdanck etc. New zůgericht, Mit schönen Figuren etc. Franckfurt. 1558", eine teilweise Umarbeitung des bekannten Gedichtes Kaiser Maximilians I. und Pfintzings, die ihm einen neuen umfangreichen Leserkreis verschafften, denn es erlebte bis 1596 vier Auflagen.

Endlich verfasste Burkard noch zwei Uebersetzungen aus dem Lateinischen. Die eine, „Das Päpstisch Reych. Ist ein Buch lüstig zu lesen allen so die warheit lieb haben, Darin der Babst mit seinen gelidern, leben, glauben, Gottsdienst, gebreüchen vnd Cerimonien, so vil müglich, warhafftig vnd auffs kürtzeste beschrieben" etc., ist eine Uebertragung des Regnum papisticum von Thom. Naogeorgus oder Kirchmair. Diese Satire hatte dem Landgrafen Philipp so gut gefallen, dass er Burkard mit der deutschen Bearbeitung beauftragte, die dieser der Nebengemalin Philipps, Margaretha von der Sal*), widmete. Sie erschien, obgleich schon 1554 beendet, erst 1555. Die andere ist „Summarien vber die gantz Bibel", 2 Teile 1556, nach den Argumenta in

---

*) Ueber diese skandalöse Doppelehe vgl. Heppe in der Zeitschrift für die hist. Theologie. 1848, S. 264 ff.

sacra Biblia des Rud. Gualtherus*). In beiden Werken hält sich Burkard ziemlich genau an der lateinischen Vorlage, sie sind daher poetisch von minderem Werte. Dieser fast von Jahr zu Jahr gesteigerte unermüdliche Schaffensdrang des rührigen Mannes wurde, wie es scheint, durch plötzlich eingetretene Kränklichkeit unterbrochen. Noch in demselben Jahre 1556, in welchem die Summarien erschienen, sah sich seine Gemeinde genötigt, ihm in seinem Schwiegersohne Balth. Hiltebrandt, nachdem dieser „den althen man nunmehr ein jahrlang" in seinem Amte unterstützt und vertreten, einen Nachfolger zu geben. In der Urkunde**), in welcher die Bestätigung des letzteren vom Zentgrafen Hans Koch am 3. August 1556 nachgesucht wird, heisst es: „nachdem aber zu besorgen, das her Burcard nunmehr schwerlich der gemeine, desgleichen seinem eigen haus, weib vnd Kinden moge vorsein, viel weniger seinem eigen Leibe, haben wir aus Christlicher liebe bedacht, nachdem er bei Zeit seiner vermoglicheit bei vns vnd den vnsern keinen vleiss erspart, sondern mit grossen ernst vleiss vnd eiver Gottes wort gelerth, vermandt vnd ijder Zeit angehalten, das ijderman dasselbige heilig vnd theur gehalten, gern gehort vnd gelernt, sso viel an ime gewesen, vnser kinder, Krancke besucht vnnd Christlich vnderricht vnd alles, sso seinem ampt zustendig, mit grossen vleiss nachkohmen ssolcher seiner wolthat vmb alles in seiner jtzigen schwacheit zu ergetzenn, erkennen wir vns darkegenn vns danckbarlich zu erzeigenn". Schwerlich wird man in dieser Kränklichkeit Burkards, die ihn unfähig machte nicht allein sein Amt, sondern auch seine Familie und selbst seinen eigenen Leib zu versorgen, blosse Altersschwäche vermuten dürfen. Ein Mann, der noch in den unmittelbar voraufgehenden Jahren neben seinen Berufsgeschäften die intensivste literarische Tätigkeit entfaltete, dessen letzte Werke zudem von Zeichen eines auf Geist und Körper lastenden hohen Alters wenig verspüren lassen, konnte nur durch eine plötzliche

---

*) Proben aus diesem sehr seltenen Buche hat Gödeke gegeben im Weimarer Jahrbuch 4, S. 19.

**) Diese Urkunde befindet sich im Staatsarchiv zu Kassel und ist vollständig abgedruckt von Buchenau a. a. O., S. 23 f.

Krankheit, einen Schlaganfall oder dgl. in einen solchen kraftlosen Zustand versetzt werden, wie ihn jene Urkunde beschreibt. Es ist daher keineswegs geboten, das Geburtsjahr Burkards, welches nach diesem Zeugniss und nach seinem ersten Auftreten in Riga im J. 1522 bestimmt werden muss, sehr weit zurückzuverlegen. Schon als 20—25jähriger Mann konnte er bei einer Gesandtschaft, bei welcher er wesentlich nur Reisebegleiter war, während die diplomatischen Geschäfte seinen beiden älteren Genossen oblagen, sehr wol assistieren, und auch ein 60—65jähriger kann im prägnanten Sinne ein „alter Mann" genannt werden, wenn er durch geistige und körperliche Leiden gebeugt ist. Man wird darum seine Geburt vielleicht um 1495, kaum aber vor 1490, welches Jahr von Gödeke angenommen wurde, zurücksetzen dürfen. Schon 1557 erscheint Balth. Hiltebrandt in Urkunden als Pfarrer von Alterode; es ist nicht unwarscheinlich, dass Burkard da schon gestorben war, wenn er dieses Jahr überhaupt noch erlebte.

Ziehen wir die Summe seines bewegten Lebens, so müssen wir sagen, dass er, eine durch und durch kernhafte und tüchtige Natur, in dem läuternden Prozess seiner in allen sozialen und politischen Verhältnissen an Neugestaltungen so grossen Zeit, sich bewarte Unverdorbenheit des Charakters, Biederkeit der Gesinnung und ein dankbares Herz, und dass er auch, nachdem ihm Schweres zu erdulden beschieden, nach freier Ueberzeugung rang, und die Mönchskutte abwerfend als ein begeisterter Anhänger Luthers für diese Ueberzeugung lebte und arbeitete bis ans Ende, ein echter Sohn und einer der wackersten Kämpen der Reformation.

ANHANG.

Ein Lobspruch der alten Deutschen.

Wiewol euch lieben Deutschen allen
Zů lob, ehren, vnd wolgefallen
Ich bises bůch hab erst gemacht
Vnd auffs kürtzest zůsamen bracht
5 Kan ich euch auch verhalten nit
Was ich hab gsucht vnd gmeynt damit
Ist biß die vornemst vrsach gwesen
Das die, so nicht vil bücher lesen
Daburch der alten that vnd gschicht
10 Vnd Historien nicht bericht
Vnd demnach gerne wissen wolten
(Wie sie auch billich wissen solten)
Vrsprung vnd herkum vnser alten
Vnd wie sich hand die selben ghalten
15 Auch was vor langer zeyt zů vorn
Bey jhn geschehn in alten Jorn
Wölch lewt sich sonderlich bewysen
Das sie bilch wurden hoch geprysen
Als fürtreflich Edle personen
20 Die jhrer feindt nicht theten schonen
Durch manlich that, vnd züchtigs leben
Wie sie pflegen nach ehrn zůstreben
Wie sie Deutschlandt von zeyt zů zeytten
Durch krieg gedachten zů vorbreytten
25 Wiewol sichs nicht wil alles lassen
In kurtze red mit worten fassen

Solch Herrlich Ritterliche werck
Müt, weyßheyt vnd jhr manlich sterck
Hab ichs also anzeygen wöllen
30 Vnd gleich wie in ein spiegel stellen
Hab außerlesen Zwölff der alten
Mit jhren formen, vnd gestalten
Wie ichs auß Schrifften genumen hab
In solche bildnuß zůmalen ab
35 Vnd dar gethan ein kleine merck
Dabey man sech die grosse sterck
[14 b β] Vnd vnser alten manlich that
Die sie so hoch erhaben hat
Das sie mit tugent, ehr vnd ruhm
40 Hand an sich bracht das Keyserthum
Sich gar offt Ritterlich beweyßt
Das mans für alle Helden preyßt
Dann durch krieg ward das Deutsche landt
Mit ehrn in aller welt bekandt
45 Wiewol durch mein preyß oder lob
Dem Deutschlandt geht noch zů noch ab
Wie man sagt, was sonst hübsch vnd fein
Darff nicht vil lobs, wer gůten wein
Wil vmb ein gleichen pfennig schencken
50 Der darff derhalb kein krantz außhencken
Doch zwingt mich blieb meins vatterlands
Das ich des alten Deutschen stands
Vnd wie sie Ritterlich gefochten
Auch wölch ein grosse macht vermochten
55 Zum teyl alhie gedencken muß
Es schreybt der alte Tacitus
Der selbst ein Römer ist gewesen
Wie wir in seinen büchern lesen
Das die Deutschen das Römisch Reich
60 Dem an gwalt in der welt nichts gleich
Da es stůnd in blůt vnd höchsten floren
Haben feindtlich anfechten thůren.
Die Samniter, vnd Persier
Hispanier vnd Gallier
65 Hanibal vnd die von Carthagen

Hand die Römer nie so hart gschlagen
Mit krieg so sehr vnd hefftig gbrengt
Auch nicht in so vil Jarn verlengt
Als die vil eblen Deutschen Helden
70 Wie solchs mit schaden thůn vermelden
Scaurus, Cassius, Cepio
Varus, Manlius, vnd der Carbo
[15 a α] Caius Marius, vnd Drusus
Der Nero, vnd Germanicus
75 Auch was von Fürsten, Rittern, Knechten
Feindtlich zů streytten vnd zů fechten
Wider Deutschlandt hand fürgenummen
Sein nit vngeschlagen dannen kummen
Julius der Keyser hoch geborn
80 Hat in Deutschlandt ein schwerdt verlorn
Der Franckreich vnd Hispanier macht
Mit krieg hat an die Römer bracht
Es hand auch etlich Römisch Keyser
Vmb rhumbs willen vnd geyz der ehr
85 Von Deutschen falsch Triumph gefürt
Offt mehr gerhůmbt dann sichs gebůrt
Als Caligula der veldflüchtig
Domitianus der vntüchtig
Wie solchs die Römer selber schreyben
90 Jhr gspöt derhalben mit jhm treyben
Wiewol grosse krieg, vnd langwirig
Fehrlich, scheblich, vil hundertjärig
Zwischen Römern vnd Deutschen gstanden
Doch haben dRömer in Deutschen landen
95 Noch nie geherschet vberall
Noch vnder sich bracht allzůmal
Biß wirs selb willig angenumen
Vnd das Reich an vns Deutschen kumen
Vnd wir den Römern Keyser gaben
100 Vnd ober sie geherschet haben
Damit sein scheyn vnd ehren glantz
Durchleucht die welt yetz gar vnd gantz
Der Adler ist so hoch geflogen
Mit seinem gfider vberzogen

105 Den gantzen vmbkreyß diſer erben
　　All wo lewt mögen funden werden
　　Habens doch in Armenien
　　In Judea, vnd Perſien
　　In allen frembden landen kriegt
110　　Gar offt mals Ritterlich geſiegt
　　[15 a β] Wölchs ich alß hie zurzellen ſpar
　　Vnd mit meim anheben fort far
　　Man nem nur biſe zeyt yetz für
　　Da niemands iſt bers laugnen thür
115 Was wir ſelb ghört vnd hand geſehen
　　Vnd yetzt in kurtzen Jarn geſchehen
　　Hat nicht Herr Carolus der fünfft
　　Durch manheyt, ſterck vnd groß vernunfft
　　Mit Gottes hülff groß thaten bgangen
120　　Beid Franckreich vnd den Babſt gefangen
　　Mit groſſer macht, vnd gar vil ſchiffen
　　Den ſtarcken Türcken angegriffen
　　Das Reich zů Thunis an ſich bracht
　　Vnangeſehen des Türcken macht
125 Der auch vor Wien hat müſſen fliehen
　　Mit ſchaden vnd ſchandt abziehen?
　　Was ſol ich ſagen, das ich kum
　　Zum endt? iſt biß von allen die Sum
　　Von alters her, von zeyt zů zeytten
130　　Bey allen Reichen, Land vnd Leutten
　　Bey Keyſern, König Potentaten
　　Sein nie begangen groſſe thatten
　　Da nicht der Deutſchen rhum vnd ehr
　　Vermehrt vnd gröſſer worden wer
135 Morbobuus der Edle Fürſt
　　Zů ſeiner zeyt ſich rhümen thürſt
　　Wie er der Deutſchen ehr vnd freyheyt
　　Da Keyſer Tiberius mit manheyt
　　Vnd zwölff Legion jhn ſetzt
140　　Erhalten het gar vnuerletzt
　　Auch habens ehr zů Rom im Rat
　　Fürm Keyſer Nero jhr manlich that
　　Gerümbt (da mans auß ſpot vnd hon

Genent het bienstpar Nation)
145 Das mit krieg, sterck vnd thürstigkeyt
An glauben, vnd bestenbigkeyt
Irs gleich kein volck mocht werden gscholten
Bey den gůt sitten mehr hand golten
[15 b α] Vnd ghalten sein in grössern ehrn
150 Dann gůt gesetz bey den Römern
Kein wůcher, auffsatz, trug, noch list
Bey jhn im brauch gewesen ist
Ehebruch, vnzucht, vnd hůrerey
Ist keim gelassen worden frey
155 Ein yeder hat sein eynigs weyb
Geliebt, wie seinen eygen leyb
Niemandt seins nechsten gůt hat bgert
Sie haben sich des ackers gnert
Gar nichts gewest von yrkeim gelt
160 Damit verdörbet wirdt all welt
Sie haben wahr geben vmb wahr
Eins vmbs ander was nöttig war
Kein fürwitz braucht in tranck vnd speyß
Mit kleydung hieltens eine weyß
165 Ihr Ja war Ja, Ihr neyn war neyn
On alle gleyßnerey vnd scheyn
In einfalt hands jhr zeyt vertriben
Wie Tacitus von jhn geschriben
Vnd vns die wir nach langen Jaren
170 Solchs von jhn lesen vnd erfaren
Zur lehr hand hindersich gelassen
Das wir vns embsig soln anmassen
Vnd alle tugent vnser alten
Im brauch vnd rechten schwanck erhalten
175 Vnd sonderlich, weyl yetzt die zeyt
Der erbfeindt vns auß haß vnd neydt
Des Türcken Tyranney zů treybt
Der vns brawt, vnd feindtlich zů schreybt
Hefftig vnd blůttig in vns setzt
180 Sein waffen, spieß, vnd Sebel wetzt
Vnd sunst mit vilen schrecken, drawen
Vns denckt zurwürgen, vnd zerhawen

Zů mörden, brennen, vnd verheren
Das Deutschland gar im grund vmkeren
185 All vnser gůt, mit weyb vnd kindt
Viech vnd all vnser haußgesindt
[15bβ] Durch solche grausam Thranney
Zů füren in sein Barbarey
Auch allen můtwillen an jn vben
190 Vnd sie verberblich zů betrůben
Dann wie er pflegt beyd alt vnd jung
Zwingen zů Gottes lesterung
Das sie den waren Gottes son
Der von vns an dem Creutz so fron
195 Sein blůt so milbt vergossen hat
Vnd beym Vatter erworben gnad
Verlaugnen sollen vnd verschweren
Von der warheyt zur lügen keren
Sich von Gots gnad, vnd ewigem leben
200 In zorn vnd ewigen tobt begeben
Solch Gottes lesterung vnd verachten
Solten wir bilch hertzlich betrachten
All bie wir vns wissen getaufft
Vnd mit dem blůt Christi erkaufft
205 Zů jyn vnd hertzen lassen gan
Vnd vns des ernstlich nemen an
Das wir alles, leyb, gůt vnd ehr
Vnd was wir hie sunst haben mehr
Dran setzen, bas mit allem fleyß
210 Gots lob, seins namens ehr vnd preyß
Wölchs hetzund geht auff gůtem gang
Möcht bleiben in seim rechten schwang
Stets solten an halten mit bitten
Wider solch freueln vnd zerrůtten
215 Auch bas wir vnser fleysch vnd blůt
Wölchs man so schendlich hanblen thůt
Mit warhafftiger handt, vertretten
Von solcher Thranney erretten
Am blůtbürstigen feindt zů rechen
220 Ein yeder einen spieß brumb brechen
Darzů solt (wie wir oben gsagt)

Der alten that, die es so gewagt
In schimpff vnd ernst so tapffer ghalten
Ermanen, reitzen, das wirs walten
225 [16 a α] Liessen, vnd nur freübig dran gingen
In Gottes forcht, so würds gelingen
Dann was ist besser vnd löblicher
Wie die vernunfft vnd alle bücher
Anzeygen, dann das einer streyt
230 Vmbs vatterlands willn etwas leydt
Vnd wer im harnisch kummet vmb
Vmbs vatterland, den acht man frumb
Dann wie Christus selbs lert vnd sagt
Ists vil, das einr auß liebe wagt
235 In gfehr sein leben biß in todt
Setzt in seins freundes höchster not
Wölchs vor offtmals geschehen ist
Wie man in alten schrifften list
Der ich auß vilen drey wil nennen
240 Die wir auß den Histori kennen
Die willigklich jhr leyb vnd leben
Vmbs vatterlandt in todt hand geben
Samson, da jhm warn außgebrochen   Iudi. xvi
Sein augen hat er weydlich grochen
245 Sein vatterlandt mit grossem grym
Drey tausent der Philistijm
Bracht er auff ein mal vmb jhr leben
Sein geyst thet neben jhn auffgeben
Dem gleich thet Marcus Curcius   Liuius
250 Für gantzes Rom ein schwere buß
Da er willig on allen zwang
Gar freydig in die grüben sprang
Sein leben ließ auff solcher fart
Darburch gantz Rom errettet wardt.
255 Cobrus der König von Athen   Valeri.
Thet auch gleich wie die selben zwen   Maxi.
Verstelt sich in eins Bawren kleydt   lib. v.
Vnd zog mit grosser freydigkeyt   Ca. vi.
Hinauß sich an die feindt zu wagen
260 Da ward er für ein Bawrn erschlagen

Den todt er williglich an nam
Damit das landt zů friden kam
[16 aβ] Solch Exempel solten bewegen
Vnd vns zur freybigkeyt erregen
265 Das wir ein mal ein hertz auch nemen
Dem vatterlandt zů hülffe kemen
Vnd vns doch einst thetlich bewysen
Das die nachkummen vns auch prysen
Wie vns die alten solche gaben
270 Vnd gůt Exempel glassen haben
So solten wir auch den nachkummen
Zur besserung sein, zů nutz vnd frummen
Damit der Deutschen nam vnd lob
Sich stets vermert, vnd nicht nem ab
275 Niemandt nachmals vber vns klagt
Darzů solt vns (wie vor gesagt)
Reytzen das liebe Gottes wort
Wölchs yetz bey vns an manchem ort
Ist so rein, lautter, hell vnd klar
280 Wieß zur Aposteln zeytten war
Bey vns bleyb vnd bezeuget werd
Mit warer glaubens frucht vnd perb
Hinfürter nymmer von vns wendt
Leyt vnd für zum seligen endt
285 Mit frid on alle hindernyß
Wünscht von hertzen Burckart Walbis.
B. W. H.

[Buchdruckerzeichen.]

Gedruckt vnd volendet in der Keyserlichen
Reichs Stat Nürnberg, durch Hans
Guldenmundt den Eltern.
M. D. XLIII.

Die wenigen vorkommenden Abkürzungen sind aufgelöst und folgende Druckfehler verbessert: 32 jhren,; 34 zů= malen; 48 gůten; 103 so; 111 zur zellen; 114 thůr; 177 Türben; 188 Zů füren; 195 vergossen; 278 am.

Halle, Druck von E. Karras.